Logical speech

ロジカルスピーチ術

神宮つかさ 著

セルバ出版

まえがき

数ある話し方の本の中から本書を手に取っていただき有難うございます。

皆さんは次のようなお悩みをお持ちではありませんか？

「人前に立つと極度に緊張して頭の中が真っ白になる」

「飲み会では普通に話せるのに、スピーチやプレゼンになると声や手が震える」

「会議で発言を求められた際、言葉が詰まって自分でも何を言っているかわからなくなる」

「ユーモアを交えてスピーチをしたいけれどスベるのが怖い」

「気の利いた自己紹介をしてみたい」

「いつか大勢の前で、多くの人を惹きつけるようなスピーチをしてみたい・・・」

もし1つでも当てはまるなら、本書が皆さまのお役に立てるかも知れません。

なぜならこれらの悩みはすべてかつての私自身が抱えていたものだからです。

ロジカルスピーチ術を身につければ世界が変わる

結論から言うと、私はこれらの悩みを克服し、人前で話すことが得意になりました。本書で紹介するロジカルスピーチ術を身につけたことで、目に見える世界が変わりました。
・仕事面においては、若くしてマネージャーに昇進することができました。

・300人の大勢を目の前に人を惹きつけられるようなスピーチができるようなりました。
・ストアカという国内最大級のスキルシェアサイトで最上位ランクのプラチナメダルを獲得しました。
・ストアカビジネスコミュニケーション部門で5か月連続全国1位を獲得。人気講師になりました。
ロジカルスピーチ術を身に付けたことで、以前の自分とは比べ物にならないくらい成長したのです。

皆さんの周りにもいませんか？

スピーチが得意な人。準備時間が少なくてもロジカルなプレゼンができる人。ユーモアを交えて笑いを取りながら人前で話すことができる人。堂々と自己紹介ができる人。

彼らには生まれつき話す才能があるのでしょうか？

自分にはないオーラを持っているのでしょうか？

いいえ、違います。そんなことは全くありません。私自身がそうでなかったように。

実はそれは、ちょっとしたコツを知っているかどうかの差なのです。

日本人の8割はスピーチが苦手

自分だけは「特別、緊張しやすい人」だからどんなに練習しても克服できない、と嘆いていませんか？　様々なアンケート調査で日本人の8割はスピーチが苦手ということが明らかになっています。話の上手い人が目立つのでそう感じないかも知れませんが、人前で話すことが得意だという人は稀です。ほとんどの人がスピーチに苦手意識を持っているのです。

その一方、人前で話す力というのは今やビジネスパーソンにとっては必須のスキルです。世の中にはものがあふれ同質化しつつあります。商品力だけで差別化し続けるのは困難な状況になってきました。そんな中でもプレゼンが上手い人、スピーチ力がある人が説明すれば、聞き手が感動し、プロジェクトが加速し、たちまち商品が売れていきます。結果、話す力のある人が評価され昇進していくのです。

つまり8割の人が苦手なスピーチを克服すれば、上位2割に入れるということです。

スピーチが得意な人が知っているちょっとしたコツとは

ちょっとしたコツ。それは再現性のある話し方の「型」なのです。

本書では「テンプレート」や「フレームワーク」と呼んでいます。

これらの「型」に当てはめて話せば、

・ロジカルにわかりやすい話ができるようになります。
・人前で堂々と自己紹介ができるようになります。
・人を惹きつけられるようなスピーチができます。

・スベらないユーモアトークができるようになります。

これらの型に加えて、本書では再現性のあるデリバリースキルをお伝えしています。スピーチが上手い人に共通する身振り手振り、話し方、声の出し方など。

話し方の型＋デリバリースキル＝ロジカルスピーチ術

これを身に付ければ、いつでもどこでも、人を惹きつけられるスピーチやプレゼンを再現できるようになります。

スピーチが得意になれば人生が好転する

私自身の人生が好転したように、本書で紹介するスキルをお伝えした私の生徒さんも数々の成功を収められています。その一部をご紹介します。

「転職活動の面接前に先生の講座を受講しました。先生のおかげで本番は落ち着いて臨むことができ、無事満足のいく結果となりました！　有難うございました！」（30代女性）

「プレゼンのあらゆるスキルを教えていただきました。神話の法則に則った自己紹介、間の取り方、ジェスチャー、感情の乗せ方など。先生の講座を受けて本当によかったと思いました。一生もののスキルを手に入れました」（40代男性）

「先生のコンサルを受けて上司やお客様の私に対する態度が変わりました。人前で話すのが怖かったのに、今ではスピーチを楽しめるようになりました。会社からは将来の役員選抜候補に抜擢され、お客様からは引き抜きのオファーも受けました。話し方だけでこんなに人生が変わるのですね。有難うございました！」（20代男性）

彼らは私の講座で学んだことをそのまま実践してくれただけなのです。

人前で話すことの苦手意識を払拭すれば、今まで逃していた、いや、むしろ自分から「逃げていた」チャンスを掴みにいこうとするはずです。

結果、周りの世界が変わり、人生が好転し始めるのです。

人前で話すのが得意な人が知っているちょっとしたコツ。

1つひとつは決して難しくありません。明日からできる再現可能なものばかりです。

是非、皆さんも本書で紹介するロジカルスピーチ術を1つでも実践してみてください！

2020年11月

神宮　つかさ

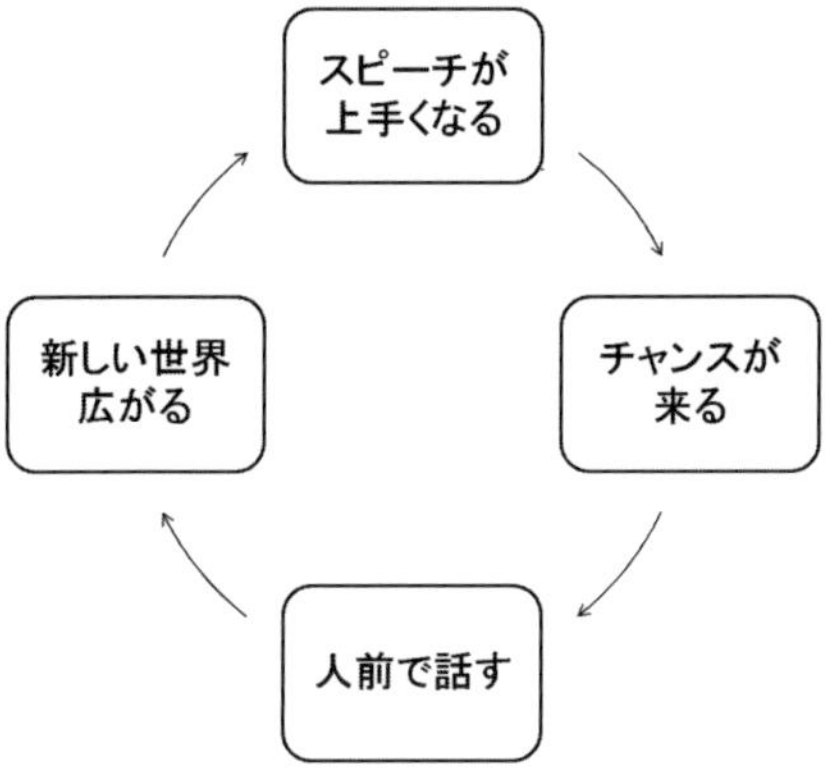

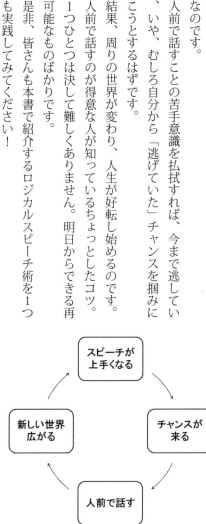

ロジカルスピーチ術　目次

第2章　ロジカルに聞き手を惹きつけるスピーチの秘訣

第3章　ロジカルに笑いを起こすユーモアスピーチの秘訣

第4章 ロジカルに聞き手の心をつかむスピーチの秘訣

第5章　ロジカルに聞き手を納得させるスピーチの秘訣

第6章　スピーチ名人になるための心がけの秘訣

第1章　とっさの指名でもあがらずにスピーチする秘訣

① やってはいけないあがり症対策

人前に立つと緊張するのは当たり前

スピーチが得意という2割の人でも人前に立つと緊張する人がほとんどなのです。緊張しない人はよほどの度胸の持ち主か、空気の読めない人です。幼い子供は周りの空気を読むことはないので、緊張することはありません。周りの雰囲気を感じ取れる普通の大人は緊張するのです。その緊張と「どう付き合っていくか」が重要なのですが、世間では間違った緊張対策があふれかえっています。

「聴衆をカボチャと思え」は間違い

「みんな自分の話なんて聞いていないんだから、カボチャだと思って自分の好きなように話せばいい」というアドバイス。間違いです！　聞き手は生身の人間です。希望してかどうかは別として、あなたの話を聞くために目の前にいるのです。その聞き手を無視して話を進めると、結果、聞き手を放置した独りよがりのスピーチになってしまいます。仮に緊張せずに話せたとしても、あなたのスピーチに感動する人はいないでしょう。

もし聞き手から質問が来たらどうでしょう。「カボチャがしゃべりだした！」と思い、パニックです。頭の中は真っ白、質問の内容もろくに頭に入ってこないでしょう。

そもそもスピーチやプレゼンの目的は「自分の考えを相手に伝え、相手に行動してもらうこと」です。カボチャに自分の考えを伝えて、感動してもらいたいという人はいませんよね。あなたの想いを伝えるのはあなたと同じ「生身の人間」です。

「とにかく場数を踏め」はツライ

場数を踏むことは大事です。ただ、やみくもに場数を踏んで失敗する練習方法は心が折れてしまいます。場合によってはトラウマを抱えてしまい、余計に恐怖心を増強させてしまいかねません。

スピーチはスポーツに似ています。例えばゴルフ。とにかく場数を踏むべきだといって、ろくに練習もせず、会社の上司に連れられてラウンドをした経験をお持ちの方も多いのではないでしょうか？　結果は散々なのは当たり前。周りに迷惑を掛けてゴルフ嫌いになる人もいるでしょう。まずは正しいクラブの握り方、正しいスイング、更にはルールやお作法を学んでからでないと、ゴルフ場に行ってラウンドするべきではありません。泳ぎ方を知らないのに海に飛び込むのと同じです。

スピーチも同様。まずは最低限の型やスキルを身につけること。それを本番で試して上手くいったかどうかを検証し、次に繋げていくことがとても大切です。突然スピーチが上手くなることはありません。再現性のある技術を1つずつ、着実に身につけていく。それを実践で使いブラッシュアップしていく。まずはインプットしてからアウトプットする。一見時間が掛かりそうなこの作業こそが、スピーチ上達への近道なのです。

「原稿丸暗記」はリスキー

「人前で考えながら話すのなんてとても無理。だからスピーチを丸暗記して臨みます」という人もいますが、とても危険です。丸暗記をすることで本番では「間違ってはいけない」と思い込み余計に緊張してしまうからです。

丸暗記をする人は完璧主義の人が多いです。そのため、少しでも間違ったり、本番何かのトラブルがあったりすればもうおしまい。頭の中が真っ白になり取り返しがつきません。

また丸暗記をしているというのは、聞き手にはすぐにわかります。丸暗記は「頭の中のカンペを読んでいる状態」です。しかもそのカンペは集中力を切らすと消えてしまうのですから、聞き手の理解度を確かめたり、質問を投げかけたりする余裕は一切ありません。

結果、聞き手を放置した独りよがりのスピーチになってしまいます。

One Point やってはいけないあがり症対策まとめ

- 聴衆をカボチャだと思う。
- とにかく場数を踏む。
- 原稿を丸暗記する。

②　人前で話すときの緊張の正体とは

緊張する理由

そもそも人はどうして人前に立つと緊張するのでしょうか？
いくつか代表的な「緊張する理由」を挙げてみました。

・人前で恥ずかしい思いをしたくない
・失敗してできない奴だと思われたくない
・上手く話して皆に評価されたい
・聞き手に内容が伝わっているかどうか不安
・聞き手を感動させられるかどうか不安
・聞き手が無表情で何を考えているかわからない

ここで挙げた６つの緊張の理由は、大きく２つに分けることができます。

まず初めの３つはすべて「自分をよく見せたい」という感情からくる緊張です。自分の実力以上の力を見せたいと思う気持ちや、自分の評価を上げたいという思い。「意識はすべて自分」に向いているのです。いわゆる自意識過剰な状態です。

一方、後半の3つは「聞き手の反応が気になる」という意識からくる緊張です。話す内容が聞き手に伝わっているかどうかが気になる。これらの緊張の意識は「聞き手」に向いています。

突き詰めると人前で話すときの緊張の正体は2つ

人前で話すとなぜ緊張するのか。様々な理由が挙げられると思いますが、すべて次のどちらかの理由にあてはまるはずです。

「自分をよく見せたいという感情」意識の矢印は自分。
「聞き手の反応が気になる」意識の矢印は聞き手。
この2点こそが緊張の正体であり、克服すべき課題なのです。
緊張の正体（＝原因）がわかれば対策が打てます。
次ページからはこれら緊張の正体への対策を解説していきます！

One Point　人前で話すときの緊張の正体まとめ

・自分をよく見せたいという感情。
・聞き手の反応が気になるという意識。
　　↓
原因がわかれば対策が打てる！

③　人前で話すときの緊張対策

１つ目の緊張の正体

「自分をよく見せたいという感情」。

この緊張への対策は「過剰な意識を捨て、意識を聞き手に向ける」ということです。

まずは過剰な意識を抑える、もしくは捨てましょう。失敗してもよい。ありのままの自分をみせればいいのです。今のあなたのままで十分です。

そもそも本番で実力以上のものを見せられる訳はありません。本番に強いという人がいますが、それはその人の実力です。

まずは、意識を聞き手に向けるところから始めてください。これが正しい緊張対策の第一歩です。

緊張対策の第一歩

自分をよく見せたい。

↓

過剰な意識を抑える。

↓

意識を聞き手に向ける。

↓

1つ目の緊張の正体「自分をよく見せたい」という感情をクリア！

2つ目の緊張の正体「聞き手の反応が気になる」という意識への対策

これ、実はとてもよい緊張なんです。意識の矢印が自分ではなく聞き手に向いているからです。

闘争ＯＲ逃走

2つ目の緊張対策を解説する前に少し話を逸らします。

そもそも皆さんは人前で話す前、どんな気持ちになりますか？「よ～しやるぞ！」と思いっきり戦闘態勢に入る人。もしくは「もうだめ緊張する。逃げ出したい・・・」と思う人。皆さんはどちらのタイプでしょうか？　実はこの心理、我々人間のＤＮＡに組み込まれた「生き残るための術《すべ》」なんです。

「Ｆｉｇｈｔ（戦うか）ｏｒＦｌｉｇｈｔ（逃げるか）反応」とも呼ばれる心理状態。

我々人間を含む動物は差し迫った危機的状況に陥ったとき、瞬時に戦うか逃げるかを判断します。

そうすることで長い期間、生き延びてきました。

だから、緊張したり、自分が評価されたりする「人前で話す」という行為はイコール「戦いの場」

と脳は捉え、瞬時に闘争か逃走しようとするのです。

　これはＤＮＡに組み込まれた自然な反応なんです。

　ただこれら2つの心理は両方、捨て去らなくてはいけません。そもそも、人前で話すということは戦いの場ではありません。逃げてはいけませんし、戦おうとする必要もありません。

　なぜならスピーチやプレゼンをする目的は自分の考えを聞き手に伝えて、行動してもらうことだからです。

　人前で話す目的を果たしつつ「聞き手の反応が気になる」という2つ目の緊張の原因を解決する方法。

　それが次ページから解説する「質問技法」です。一方的に話すのではなく聞き手に問いかけながら進める技法。

　これが本書全体に流れるテーマ「聞き手中心のスピーチ」を司る最も重要な技法です。

One Point　人前で話すときの緊張対策まとめ

・自分をよく見せたいという感情　↓　過剰な意識を捨てて聞き手に意識を向ける。
・聞き手の反応が気になるという意識　↓　次ページ以降の質問技法を使って聞き手中心のスピーチをする。

④　質問することで緊張がほぐれる⁉

2つ目の緊張の正体「聞き手の反応が気になる」という意識

これを解決する方法はいたってシンプル。

「聞き手の反応を取る」ということです。具体的には「聞き手に質問する」のです。

こうすることで、聞き手の反応がわかり、緊張がほぐれます。「人前で話すことすら精一杯なのに、それに加えて聞き手に質問するなんてとてもじゃないけど無理」という声が今にも聞こえてきそうですが、安心してください。上手く質問をして、緊張をほぐす方法をお伝えします！

YESと答えやすい質問をして手を挙げてもらう

一番簡単で聞き手の反応がわかる方法。それは「質問して、手を挙げてもらう」ということです。

話すテーマに関係するのであれば、どのような質問でも構いませんが、できる限り「YES」と答えられる質問をしてください。折角質問をしても誰も手が挙がらなければ逆効果となってしまいます。

例えば「私の変わった趣味」というテーマのスピーチ。

爬虫類好きな人が、ワニに関するテーマでスピーチをするとした場合。

「この中でクロコダイルとアリゲーターの見分け方を説明できるという人はいますか？」という

マニアックな質問をしても、ほとんど誰も手が挙がらないのは想像できますよね。質問が専門的過ぎてほとんど誰も答えがわかりません。このようにYESと答えにくい質問をしてしまうと、聞き手の反応がわかりづらく逆に緊張してしまいます。もっと簡単な質問でいいのです。

例えば「動物園でワニを見たことがある人、どれくらいいますか？」

これなら、ほとんどの人が手を挙げてくれるはずですね。もし仮に自分が想定していたほどYESという反応がなかった場合には、その反対の質問をすればOKです。

「意外と少ないですね。では、ワニを見たことがないという方はどれくらいいますか？」

こうすることで、会場の全員から反応を取ることが可能です。

YESと答えやすい質問をして聞き手の反応を取りましょう。こうすることであなたの緊張はほぐれるとともに「聞き手中心のスピーチ」に一歩近づくことが可能です。

5W1Hの深掘り質問をして、聞き手に実際に答えてもらう

YESと答えやすい質問をして手を挙げてもらったら5W1Hで具体的な質問をして、実際に答えてもらいます。例えば先ほどの話なら手を挙げてもらった後に、ちなみに「どこの（Where）動物園で見ましたか？　はい、そこの方。如何でしょうか？」というように実際に問いかけてみましょう。すると聞き手は例えば「上野動物園で見ました」などと答えてくれるでしょう。時間と気持ちに余裕があれば、2～3人に答えてもらいましょう。

5W1Hの質問

5W1Hは深掘り質問の基本ですが、なかなか6つすべてを言える人は少ないと思いますので、この際覚えてしまいましょう。

Who誰と？ Whereどこで？ Whenいつ？ Whatなにを？ Whyなぜ？ Howどうやって？ 5W1Hで始まる質問を実際に手を挙げてもらった人に投げかけるのです。

前の席に座っている人だけでなく、後ろの席の方にも答えてもらえば、会場全体を巻き込んだまさに「聞き手中心のスピーチ」になっていきます。いつの間にかあなたの緊張は消えて、人前で話すことが楽しいとさえ思えるようになる。

聞き手を巻き込んでいく双方向性のあるスピーチ。

これがスピーチの醍醐味なのです。

One Point 聞き手の反応が気になるという緊張に対しての対策ステップ

ステップ1　Yesと答えやすい質問をする。

ステップ2　挙手を求める。手が挙がらなかったら逆の質問をする。

ステップ3　5W1Hの深掘り質問をして、実際に答えてもらう。

↓

いつの間にか緊張が消えて、聞き手を巻き込んだ双方向性のあるスピーチができている。

⑤　即興っぽく見せる技術

前の人の話を聞くほうが緊張しない

本番中、意識を自分から聞き手に向けて、ＹＥＳと答えられる質問をして手を挙げてもらい、双方向性を取ることで緊張は和らぎます。ただ、それがわかっていてもやはり本番前は私も緊張します。

スピーチ本番ギリギリまで別の部屋で自分の原稿を変更したり、スライドの順番を入れ替えたりする人がいますが、おススメできません。自分の前の人のスピーチを全く聞かずに本番に臨むのですが、これは逆効果です。

なぜなら、まず会場の雰囲気がつかめていないため、雰囲気に飲まれてしまいます。ついさっき変更したセリフを忘れてしまったり、入れ替えたスライドが反映されていなかったり、余計な心配事を増やしてしまい、緊張度合いを高めてしまいます。

本番では腹を括り、最低でも自分の番の15分くらい前には会場に入り、会場の雰囲気を確かめましょう。こちらのほうが緊張度合いが薄れます。

本番前は自分の原稿を見直すよりももっと重要なことがあります。

それが前の人のスピーチを聞いてその話題に「乗っかる」ことです。

絶対に事前に用意できない即興ネタを散りばめて話す人は「上手いなぁ」と思いますが、実はそれにはちょっとしたコツがあるんです。

自分のスピーチの冒頭に前の人のスピーチネタを入れる

前の人のスピーチには「即興っぽく見せるネタ」が沢山詰まっています。

例えば、前の人がワニの話をしていたのなら、その話に是非乗っかってみてください。ワニのネタが思いつかなければ、爬虫類繋がりでも、動物でも繋がりがわかればＯＫです。

要は前の人の話に乗っかることで「即興っぽさ」をアピールすることができるのです。

また「前の人の話をきちんと聞いていたよ」と聞き手にさりげなく知らせることで、聞き手はあなたの話もきちんと聞こうと思ってくれる効果も期待できます。

例えば、冒頭こんな風に始めます。

「ちなみに私の好きな爬虫類はカメレオンです」とか、

「ワニのことは全然わかりませんが、私の好きな動物はパンダです」

と、自分のスピーチの冒頭に付け加えるだけです。

２つ目はもはやほとんど爬虫類とは関係なくなっていますが、これだけで即興っぽく見せることができ、和やかな雰囲気でスピーチを始めることができます。

プロの話し手や漫才師もよく使う技法です。とても簡単な技法ですが、あなたのスピーチ能力を聞き手にアピールすることができるので、是非トライしてみてください！

One Point 即興っぽくみせる技法まとめ

ステップ1　自分の前の人の話をきちんと聞く。
ステップ2　前の人の話で使えそうなネタがないか探す。
ステップ3　スピーチの冒頭で前の人の話を引き合いに出す。
↓
場の雰囲気を和ませると同時に、話し手のスピーチ能力をアピールすることができる！

⑥ スピーチは書き起こしすべきか

この問いに対しては、スピーチを教える人の中でも意見が分かれると思いますが、私の回答は次の通りです。

1～5分位のスピーチ

スピーチに慣れるまでは全文書き起こしてOKです。但し、次に注意しましょう。

・話し言葉、普段使っている言葉で書く

よくスピーチのときにだけ、普段使わないような仰々しい言葉づかいになる人がいます。結果、不自然な言葉づかいになり、聞き手が理解するのに苦労します。その原因の1つはスピーチ原稿をつくったときに、堅い文章で書き過ぎているからです。

・スピーチは自然体で。先輩や上司と話すように

もちろん、友人や年下の後輩に話すような砕け過ぎた言い回しは好まれません。普段、先輩や上司に使っているような話し方が理想です。

最近では音声認識ソフトが秀逸です。わざわざパソコンを立ち上げなくても、スマホのマイクに向かってザっと話したいことを入力すれば、スピーチ原稿のでき上がりです。音声入力でサクッと原稿をつくり、できれば一度、自分のスピーチを録音してください。

それを何度も聞くことで、話の流れを頭に入れ、自然なスピーチを記憶することができます。

5分以上の長いスピーチ

全文の書き起こしはしません。全部書き起こしたとしても、覚えられないからです。その代わりスライドや、小さな紙切れに書いたカンニングペーパー（カンペ）を用意します。

・キーワードのみスライドやカンペに記載

パワーポイントなどでスライドを用意できる場合、私がオススメしているのが、キーワードや忘れがちな単語を記載することです。

「重要なキーワード」や自分が忘れがちなフレーズのみをスライドやカンペに記載し、それを堂々と聞き手の前で読めばOKです。

・スライドはできる限りシンプルにつくるのが鉄則

アニメーションやカラフルなデザインを駆使してスライドづくりに時間を掛けてはいけません。スライドづくりに時間を掛ければ掛ける程、スライドに頼ったスピーチになってしまいます。主役はあくまで話し手。スライドは脇役です。言葉だけでは説明しにくい写真、自分が無理なく話せる最低限のキーワードや図形だけを盛り込みます。そうすることで、聞き手はスライドではなく「話し手」に集中してくれます。

これらのキーワードを頼りにスライドごとに、短いスピーチを繋げていけば堂々と話しているように見せることが可能です。

One Point　スピーチ原稿のつくり方ポイント

・話し言葉でつくる。
・1～5分のスピーチはスマホの音声入力で書き起こす。
・5分以上の長いスピーチは重要なキーワードや忘れそうな箇所をスライドやカンペに記載。
　本番中は堂々とスライドやカンペを見ながら話してOK。

⑦　イメージトレーニングの方法

イメージトレーニングとは

私は本番前、何度かイメージトレーニングをしています。

イメージトレーニングはできる限り本番を想定しリアルな場面をイメージします。

もし会場の下見ができるのなら次の点をチェックしておくと、イメージトレーニングに役立ちます。

会場下見ポイント

・自分の立ち位置からの聞き手の見え方
・自分の立ち位置からのスライドの見え方
・マイクは固定式か手持ちか（できれば手持ちにしてもらい動けるようにしたい）
・トイレの場所（念のため）

五感を使ってイメージする

私はこんな風にイメージしています。

本番当日。前の人が終わって、司会者が自分の名前を呼ぶ。右手でマイクのスイッチを入れて軽く音を確かめる。マイクの感触や重さ、独特の匂いも感じる。拍手が鳴りやむまで待った後、冒頭、前の人が話したネタに乗っかり、即興っぽくスピーチを始める。誰もがＹＥＳと答えられる質問で手を挙げてもらう。答えてくれそうな人をあらかじめ見つけておいて、その人に実際に答えてもらう。その後も身振り手振りを加えながら、ときには聞き手とコミュニケーションを取りながらスピーチを進める。途中、スライドが映らないというハプニングにも落ち着いて対応。最後に堂々とお辞儀をして聴衆からの拍手を聞きながら、会場を後にする。

目の前にイメージが思い浮かべられるくらいリアルに想像することで、本番は落ち着いて自分のスピーチに集中することができます。

色んなハプニングを頭の中で体験する

一番よくあるのが機器のトラブルです。例えばスライドが映らない、マイクのスイッチが入らないなど。また質問した相手から、想定していた答えとは全く別の回答が返ってくることもよくあります。

このようなスピーチ中によくあるハプニングもできる限り先に頭の中で体験しておきます。想定外のハプニングに慌ててしまい、頭の中が真っ白になってしまう人もいますが私は大丈夫です。なぜなら、頭の中ではもっと凄いハプニングに何度も遭遇していますから。停電で会場が真っ暗になっても想定内です。

One Point イメージトレーニングのポイント

・できる限り会場の下見を行い、自分の立ち位置と聞き手の見え方を確認する。
・五感をフルに使って当日の入場から退場までをイメージする。
・色んなハプニングを想定して先に頭の中で体験しておく。

⑧ ビデオ撮影のススメ

自分で話している姿をビデオやスマホで撮影したことはありますか?もしないなら是非やっていただきたいおススメの練習方法です。自分の話し方の変な癖を見つけることができるからです。

なくて七癖

どんなに癖のない人でも七癖は必ずあると言われています。人に指摘されて初めて恥ずかしい思いをするものです。

スピーチの場合、例えば、体が揺れてしまって落ち着きがなさそうとか、知らず知らずのうちに「え～」とか「あ～」とかを連発している。

緊張したら髪の毛を触る癖があるなど。自分ではなかなか気づくことができません。しかも指摘してくれる人が居る方はラッキーです。ほとんどの場合、聞き手からはそんなフィードバックはもらえません。

自分の癖を見つける簡単な方法。それがスマホで自分の話している姿をビデオ撮影することなのです。

撮影した映像を客観的に見ることで、今まで気づくことのできなかった自分の癖を見つけてください。

1人で練習しているにもかかわらずビデオ撮影をするとなると、緊張感が高まるので、緊張対策にも打ってつけの練習方法です。

撮影後はビデオを繰り返し見る

自分が話している姿を見るのは本当にツライ作業です。こんなはずじゃないと目をそむけたくなります。が、それが現実であり、その見るに耐えない姿を聞き手は見せられるのです。だからこそ自分の話している姿を確認し、自分が理想とする話し方に近づけていってください。繰り返し見ることが重要です。

一流の人ほど、撮影して練習する

イチロー選手の美しいスイング。明石家さんまさんの淀みないトーク。彼らに共通するのはビデオ撮影による振り返りの多さです。

自分が理想とする完璧なフォーム、完璧なトークに近づけるべく、何度も何度も自分の姿を見返し、研究を繰り返した結果だそうです。一流の彼らでも理想に近づけるべく、ビデオを何度も見返しているのですから、我々がやらないという選択肢はありません。

まずはカメラの前で話すことに慣れよう

例えば2分間、テーマは自分の趣味や好きな本について。スマホビデオをONにして自分に向け、誰かに向かって話すようにスピーチをしてみましょう。意外と難しいことに気づくはずです。まず言葉が出てきません。視線もキョロキョロしてしまいます。時間も余ったり長すぎたり。話し慣れた簡単なテーマでも沢山の気づきがあるはずです。

まずは自分の話している姿をスマホで撮影し、自分の癖をみつけるところから始めましょう！

One Point ☝ ビデオ撮影のススメ

- ビデオ撮影することで自分の話し方の癖を見つけることができる。
- 自分の姿を繰り返し見て、理想のスピーチに近づける努力を惜しまない。

第2章　ロジカルに聞き手を惹きつけるスピーチの秘訣

① メラビアンの法則

メラビアンの法則とは

話し手が発するメッセージが、聞き手にどのように影響を与えるのかを研究したとても有名な法則です。最も影響を与えるのは視覚情報（＝見ため）であり55％。次に、聴覚情報（＝話し方）が38％、最後に言語情報（＝話の内容）が7％です。

例えば次のような場面を想像してみてください。

例1．とびっきり笑顔（見ため）で、明るいトーンの声（話し方）で、「今、私、とっても不幸なの！」と言う人。

例2．とっても暗い表情（見ため）で、消え入りそうな声（話し方）で、「元気にやっているよ・・・」と言う人。

彼らの発言、信じられますか？

どちらの場合も話している内容と、見ためと話し方が一致していないので、聞き手は「えっ⁉ウソでしょ？」と思うはずです。

それほど、話す内容よりも、見ためと話し方が聞き手に与える影響が大きいということです。見ためと話し方を鍛えることが、あなたの影響力を上げる近道なのです。

スピーチにおいても見ためと話し方は重要

例えば次のような２人の街頭演説家がいたとします。

あなたならどちらの話を聞きたいですか？

男性Ａ：みすぼらしい恰好で、背筋が曲がっている。声が小さく何を言っているかよく聞こえない。

男性Ｂ：かっちりしたスーツで、堂々としている。声もハキハキして大きく聞こえやすい。

これら２人の男性が「世界平和」のような立派な内容で演説した場合、人だかりができるのは間違いなく男性Ｂの方です。同じ男性が同じ内容の演説をした場合も、同様の結果となります。

聞き手は「見ため」と「話し方」の影響にあらがうことはできません。それがたとえ同じ人であったとしてもです。

差がつくのは見ためと話し方（ノンバーバルコミュニケーション）

言語情報（話す内容）を軽視するという訳ではありません。ただどんなに内容を吟味して、高尚なことを述べても、先の例のように、見ためと話し方が悪ければ、好印象を与えることはできないのです。

スピーチやプレゼンの度に、いつでも１００％の内容を準備することって難しくないですか？毎回の発表、スピーチ、プレゼンにおいて完璧な内容に仕上げるのは時間がいくらあっても足りません。逆に言えば、そんな状態でも、見ためと話し方さえきちんとしていれば、聞き手に好印象を与えることができるのです。

本番まで準備する時間が十分に取れなかった、自分よりも内容に詳しい人が沢山いる、という状況においても、あなたの見ためと話し方（ノンバーバルコミュニケーション）が他の人より優れていれば、聞き手に高確率で好印象を与えることができるのです。

このノンバーバルコミュニケーションは「再現可能な技術」です。一度身につければ一生使えるコミュニケーションスキルです。

影響度が7％で毎回テーマの変わる内容を完璧にするよりも、再現性の高い残り93％のノンバーバルコミュニケーションを磨くべきだと思いませんか？

〔図表１　メラビアンの法則〕

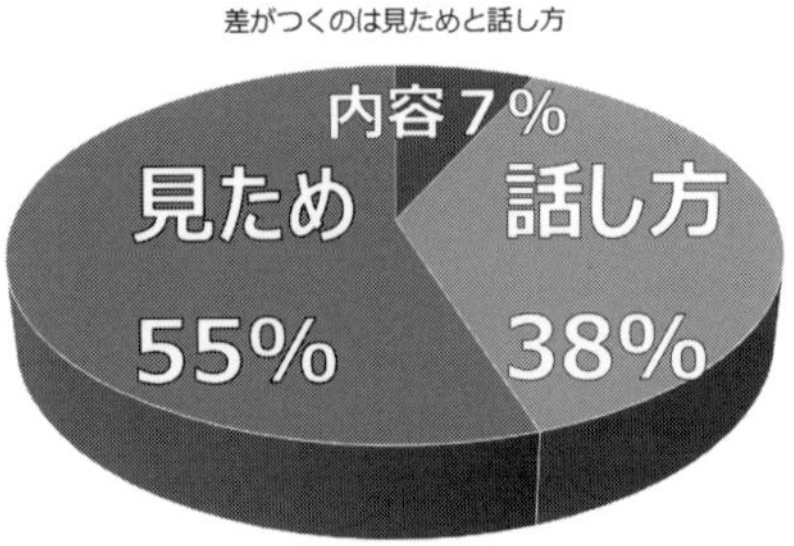

One Point　メラビアンの法則の理解と活用

・聞き手は話し手の言語情報（内容）よりも視覚（見ため）と聴覚（話し方）情報に影響されやすい。
・毎回１００％の内容を準備するのは時間的な制約があり困難。
←
再現性があり、一度身につければ一生使える見ためと話し方（ノンバーバルコミュニケーション）を習得するほうが断然効率的。

②　喜怒哀楽表現を使いこなそう！

スピーチの上手い人はみんな「喜怒哀楽表現」がとても豊か

最も相手に伝わりやすいノンバーバルコミュニケーション、それは「顔の表情」です。

メラビアンの法則でも説明した通り「言葉に合わせた表情」をしないと、メッセージは伝わりません。

無表情で「楽しい」とか、ムスッとした表情で「ありがとう」と言っても聞き手は「楽しくないんだな」とか「ありがたいと思ってないんだな」と感じ、むしろメッセージとは反対の意味と受け取ってしまいます。

それは話し手の意図とは関係なく伝わってしまうものなのです。なぜなら「表情」というノンバーバルメッセージのほうが、言語情報（内容）が与える影響を上回るからです。

顔だけで喜怒哀楽を表現できますか？

言葉の内容よりも影響度の高いノンバーバルコミュニケーション。その中でも最も影響度が高いのが「顔の表情」です。

顔の表情をコントロールすることができれば、自分の思うままにメッセージを聞き手に伝えることができます。

「喜」の表情

まずはあなたの笑顔100％の表情をつくってみてください。これが「喜」の表情です。

嬉しかった体験話をするとき、問いかけをした聞き手からの回答にユーモアが含まれていたときなど。100％の笑顔をしてみてください。

すべての表情に共通することですが、コツはいつも以上に「大げさ」にやることです。会場の一番後ろの人にまで自分の表情が見えるように。とびっきりの笑顔を届けましょう。あなたの「喜」のメッセージが、会場全体の雰囲気を明るくするはずです。

目が笑っていない笑顔は怖い

私の話し方セミナーで「笑顔をつくってください」と伝えると、大半の人が口角だけを動かし、目は笑っていません。そうすると、引きつった笑顔になり、喜びどころが恐い印象を与えてしまいます。

コツは口角を上げて、歯を見せて、目をクシャっとさせることです。フィギュアスケートの羽生結弦選手のように、顔をクシャっとさせて満面の笑みをつくってください。口の口角と目尻をくっつけるイメージです。

〔図表２　笑顔100%〕

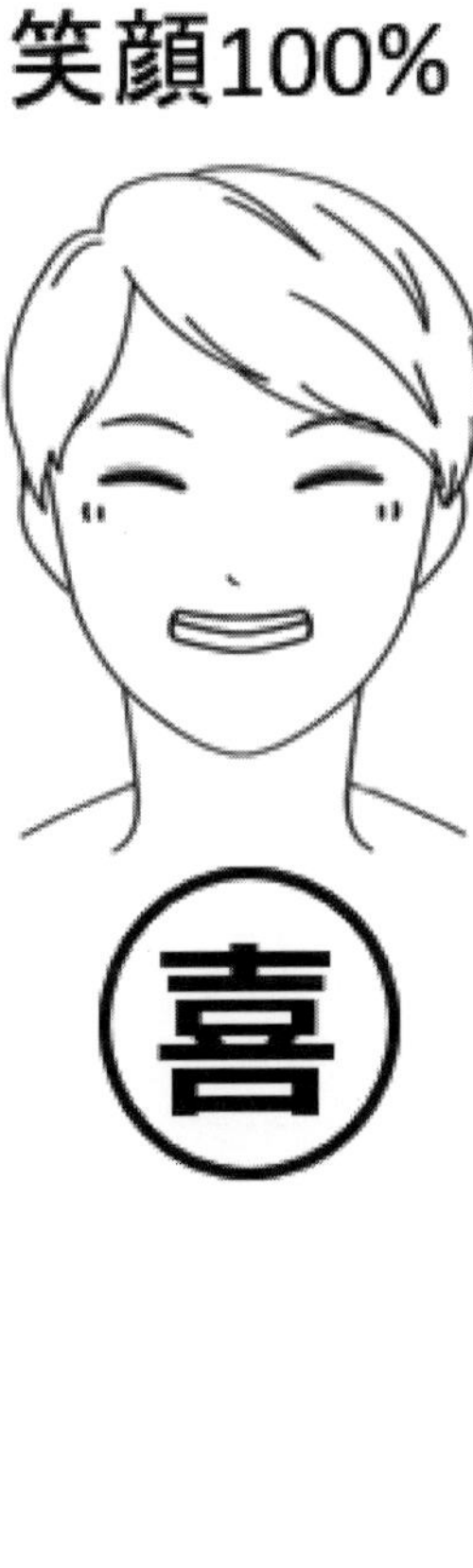

「楽」の表情

「喜」の表情ができたら次は「楽」です。楽しい雰囲気を伝えます。笑顔50％くらいのイメージで「喜」の表情を少し緩めるイメージです。可愛い赤ちゃんを見つめるような優しい「自然な笑顔」をつくってください。私がスピーチをするときは基本的にこの「楽」の表情を心掛けています。この「楽」の表情を意識していないと、緊張でどうしても顔が強張ってしまうからです。

スピーチの前は鏡やスマホのインカメラで「楽」の表情を確認してから臨みましょう。

〔図表3　笑顔50%〕

「怒」の表情

腹が立った話をするとき、イラっとした話をするとき。「怒」の表情をつくって聞き手にメッセージを伝えましょう。

コツは眉間に皺を寄せて顎を引く。そして口を閉じて上目遣いをします。

素の表情で話してもあなたの「怒り」のメッセージは聞き手に伝わりません。

表情は言葉に合わせる。これが基本です。

「この前、満員電車で足を踏まれたんです。しかも二度も！　本当に腹がたったんですよね」という話をするとき。素の表情だったり、ヘラヘラした笑顔で話されたりしたら、聞き手は「どんな気持ちで聞いたらいいの？」と混乱してしまいますよね。

怒りのメッセージを伝えたいのなら、竹内力さんのように思いっきり「恐い」表情をつくってください。

〔図表４　怒りの表情〕

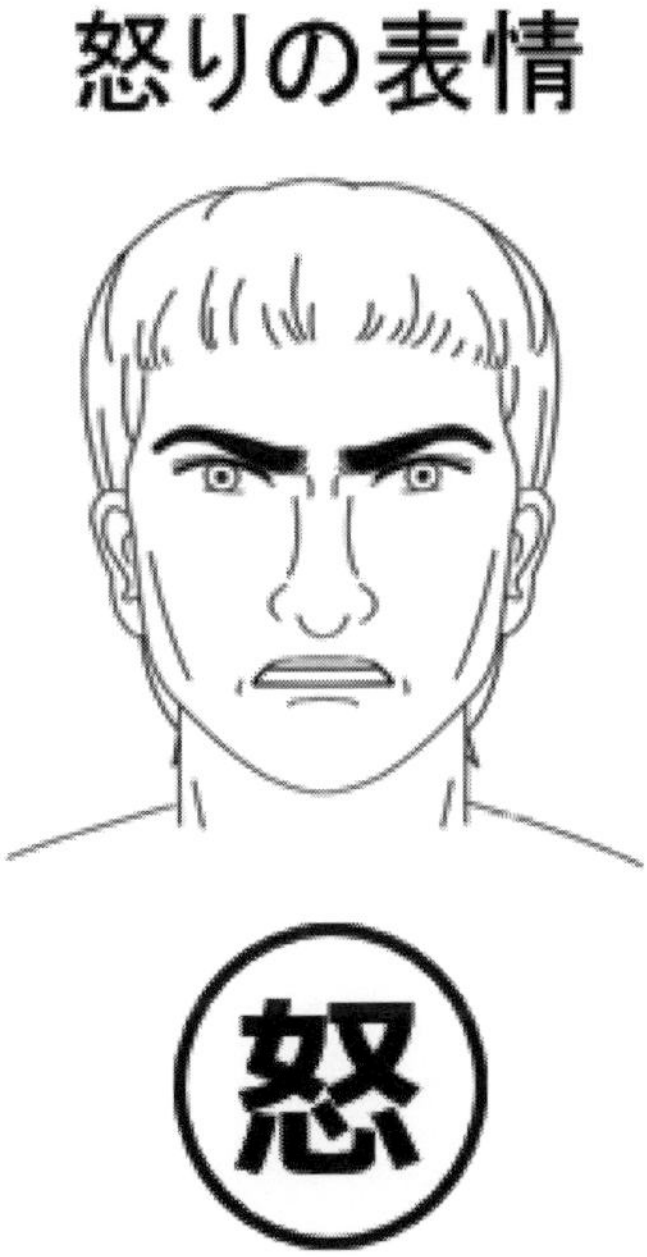

「哀」の表情

悲しい話をするときは「哀」の表情で悲しさを伝えましょう。目線を下に落としてうつむく。聞き手とアイコンタクトをとる必要はありません。軽く眉間に皺を寄せて口をキュッと結ぶと「哀」の表情の出来上がりです。声のトーンも低く暗い感じで話します。

〔図表5　「哀」の表情〕

「悔しい」表情

喜怒哀楽には含まれていませんが、私がよく使う「悔しい表情」のつくり方もお伝えします。歯を食いしばって口角は水平。眉間に皺を寄せて目をクシャっとさせます。恐らくこの表情が日本で一番うまいのはザブングルの加藤さんです。

「悔しいですっ！」

あの表情ができれば、あなたの「悔しさ」が伝わります。

ライバルに負けた。大勢の人の前で叱られた。このような話をするときは、あなたの悔しい思いを顔で表現して、聞き手にメッセージを届けてください。

〔図表6　悔しいです!〕

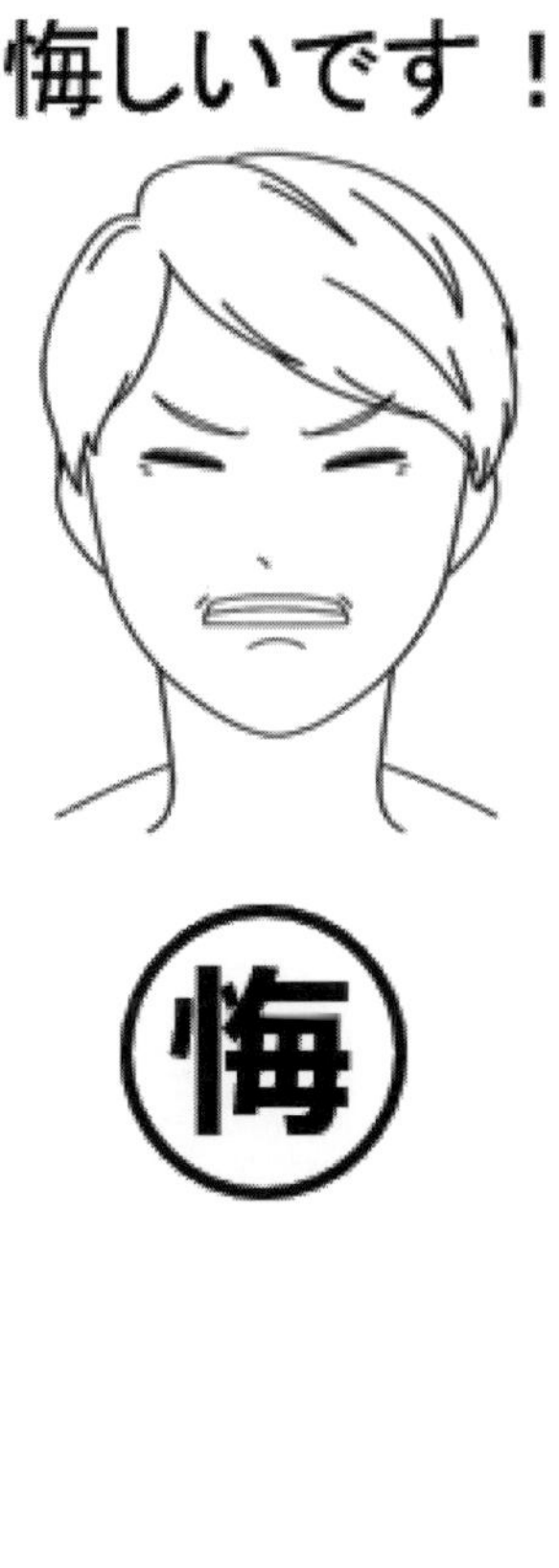

表情が豊かな人は人気者

女性でも男性でも表情が豊かな人は人気者です。

彼らは自分が話すときだけでなく「人の話を聞くとき」も表情豊かに聞くからです。

「大事な試験に合格した」「コンクールで入賞した」「ゴルフで初めてスコア100切りを達成した」など、相手が嬉しかった経験を話しているときは「喜」の表情で聞きましょう。

反対に「飼っているペットが亡くなった」「大切にしていた花瓶が割れた」など、悲しいエピソードを聞いているときは「哀」の表情を意識してください。人の話を聞くときは、まるで自分のことのように喜んだり悲しんだりするのです。

自分にとって嬉しかった思い出や悲しい出来事は、ほとんどの場合、他人にとっては「どうでもいいこと」なのです。そのどうでもいいことを自分のことのように喜んでくれたり、悲しんでくれたり、ときには一緒に怒ってくれたりして聞いてくれる人が周りにいたら、どう思いますか？

きっとその人にもっと話を聞いて欲しい。一緒にいると楽しいと思いますよね。他の人が興味なさそうに聞いている中、あなただけが共感して聞いてくれているのですから。喜怒哀楽表現豊かな人は人気者になれるのです。

豊かな感情表現をしながら話をするのが苦手な人はまず、喜怒哀楽表現を使って人の話を聞くことから始めましょう。いつの間にか自分の周りに人が集まり、自然な感情表現ができるようになります。そうすると人前で話しても、沢山の人があなたの話を聞きたいと思ってくれるようになるでしょう。

One Point　喜怒哀楽表現を使いこなそう！

・言葉に合わせた表情を心掛ける。
・スピーチをするときの基本表情は笑顔50％の「楽」。
・喜怒哀楽表現豊かに人の話を聞く。

③　アイコンタクトの取り方

目は口程に物を言う

「目は口程に物を言う」と言います。「口以上」かも知れません。人は会話するよりも先に「アイコンタクトをとる」ことからコミュニケーションを始めます。

アイコンタクトはコミュニケーションの基本

話をするときにお互いの目を見ることはコミュニケーションの基本です。

スピーチだけではありません。家族との会話、会社の同僚との会話、レストランの店員さんとの会話でも、きちんとアイコンタクトを取りながら話しましょう。

挨拶と同じ、基本的な会話のマナーです。

アイコンタクトしないという心理

わかってはいるけど「アイコンタクトをしない、できない」という心理はどこからくるのでしょうか？

一般的にアイコンタクトを取らないと、聞き手には「嘘をついているのか？」「自分といると気

〔図表７　アイコンタクトは 目と目の間をボーッ見る〕

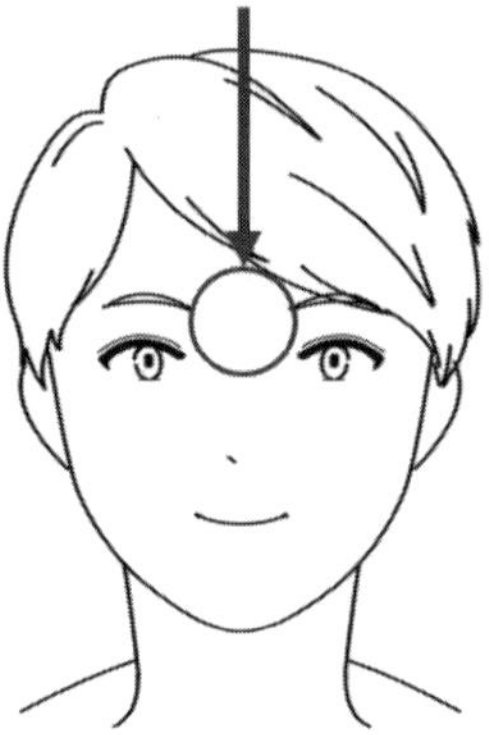

まずいのかな？」「自信がないのかな？」というネガティブな印象を与えてしまいます。

話す前にお互いの「アイコンタクトをとる」という行為は「相手と積極的に人間関係を築きたい」という気持ちの現れです。自分は恥ずかしがり屋だからとか、自信がないからという理由で、相手の目を見て話さないと、聞き手に「自分とは仲良くなりたくないのかな？」と誤解される可能性が極めて高く、人間関係にも支障をきたします。

それでも目を見て話すのはどうも苦手、どこを見てよいのか、何秒くらい見ればよいのかわからないという方は次のやり方を参考にしてみてください。

・目と目の間をぼーっと見る

よく首やあごのあたりを見ればよいというアドバイスを見かけますが、それでは相手は目が合っているようには感じません。実際に誰かとやってみるとわかります。

反対に相手の眼球を見つめると、攻撃的な印象を与えてしまい、相手を委縮させてしまう可能性がありますし、自分もツライです。

自分も相手も楽に取れるアイコンタクトの場所は目と目の間です。

その辺を「ぼーっと」見つめてください。

こうすると相手は目があっている感じがするにもかかわらず、自分は実際には目ではなくその間を見ているので楽にアイコンタクトを取ることが可能です。

それでもツライという方は少しだけ目線を上げて、眉間を眺めればＯＫです。

・スピーチの際は2秒以上しっかり見る

スピーチにおいては聞き手と2秒以上アイコンタクトを取ってから、次の人とアイコンタクトを取るように心掛けてください。

2秒以下だと短すぎて、キョロキョロしているように見え、結果、自信のなさそうなスピーチになってしまいます。

・文節で切りながら目線を変えていく

文の途中で目線を外してしまうと、外された聞き手はあなたに対して不信感を覚えてしまいます。

折角アイコンタクトを取っているのにもったいないですね。

文の切れ目で目線を変えていきましょう。

例えばこんな感じです。

「みなさん。こんにちは。講師の○○です」　↓　間を取って別の人に視線を移す。

「ちなみに私の好きな爬虫類はイグアナです」　↓　また間を取って別の人へ視線を移す。

「今日はガラパゴス化しつつある、日本の携帯電話市場についてお話します」　間をとって別の人へ。以下、同様に文節ごとに視線を変えていく。

こうすることで「とても自信あり気な堂々とした雰囲気」を聞き手に伝えることが可能です。逆に言うと1つの文が終わるまでは同じ人を見続けるということです。このルールを自分に課すことで長文を避け「短文で話す」癖をつけることもできます。

後ほど解説する「短文のススメ」にもつながるスキルですので、是非、皆さん、トライしてみてください。

> **One Point　アイコンタクトの取り方**
>
> ・アイコンタクトは挨拶と同じ。コミュニケーションの基本。
> ・目と目の間をぼーっと見る。
> ・スピーチをするときは文の切れ目で目線を変えていく。

④　手の使い方

体を動かす表現方法

ノンバーバルコミュニケーションの中でも実際に体を動かして行う表現方法をボディーランゲージと呼びます。

ボディーランゲージを使わないともったいない

皆さんはスピーチやプレゼンで「ボディーランゲージ」を意識して使っていますか？

ボディーランゲージが大事なのはわかっているけど、やり方がわからない？　ワザとらしい感じがする・・・恥ずかしい・・・という心理的なブロックが掛かって、結果、動きのない「つまらない」スピーチになっているのではないでしょうか？

もしくは、手をブラブラさせてしまって、だらしない恰好になってしまっているとか。

折角、頑張って準備してきたスピーチなのにもったいない！

ボディーランゲージは手の動き

ボディーランゲージの８割は「手の動き」です。ここではプレゼンやスピーチに使える効果的なボディーランゲージ。その中でも最も重要な「手の動かし方」について解説していきます。
皆さんも是非「手を動かしながら」自分が使う場をイメージして読み進めてください。

〔図表8　手のホームポジション〕

ホームポジション

手を効果的に動かすためにもまず覚えていただきたいのがホームポジションです。すぐに手を動かせるように、使わないときは、おへその上くらいで手を軽く組みます。両腕が少し曲がると思います。こうするといつでもすぐに手を動かすことができます。

よく見かけるのが手を後ろに組んでいる人。応援団や軍隊のようですね。聞き手からは何か後ろに隠しているようにも見え、肝心の話に集中できません。

ポケットに手を入れながら話すのも同じです。欧米のスピーカーは当たり前のようにやりますが、日本では横柄な態度と捉えられるので避けるべきです。

横にダラリと手を降ろす人もいますが、だらしなく見えてしまいます。またいざ実際に手を動かそうとするときに横に降ろしているとすぐに使えません。下に降ろして前で組む(アダムとイブの)

ポーズをする人もいますが、前かがみで自信がなさそうに見えてしまいます。

手のポジションを固定しておかないと、手持無沙汰になり、手をちょこちょこ動かしたり、服の皺を伸ばすような仕草をしてしまいがちです（でも自分では気づかない！）。

このようなことにならないためにも、手を動かさず何もしないときはホームポジションで固定しましょう。これが一番自然でかつ堂々と見える手のポジションです。

〔図表９　数字を示す手の動き〕

数字を示す手の動き

最も簡単に、しかも効果的に見える手の動作が「手で数字を示す」ということです。

例えば「今から皆さんに『１つだけ』重要なことをお伝えします」とか、「わかりやすい話し方のポイントは『３つ』です」というときなど。数字に合わせて指の数を変えて聞き手に示します。

このとき、恥ずかしがって縮こまってはいけません。手を目一杯大きく伸ばし、体の外に出しましょう。自信をもって堂々と話しているように見せられます。

〔図表10　選択肢を示す〕

またポイントの数や順番、ステップを明確にすることで、聞き手を聞く体勢にすることもできるおススメの手の動かし方です。

プロのスピーカーやプレゼンターも使っていることの数字を示す手の動き。是非、皆さんも取り入れてください！

選択肢や位置関係を示す手の動き

「ＡとＢの選択肢があります」

このように２つの選択肢を聞き手に示すとき、自分の左右の手を使います。「Ａ」と言うときに右手であたかもそこに「Ａ」という文字が浮いているかのように軽く手を添えます（握り拳をつくってもＯＫです）。次に「Ｂ」と言うときは左手で選択肢を示します（左右どちらでもＯＫ）。

その後、Ａの選択肢の話をするときは、体全体を少し右側に寄せ、主に右手を使いながら話します。

〔図表 11　位置関係を示す〕

Ｂの選択肢の話をするときは左側に寄って左手を使いながら話すと、更にわかりやすさが増します。

簡単な位置関係を示したい場合

基本的には２地点間を示します（３つ以上は複雑）。

例えば「この前、新幹線で東京から大阪に移動しました」という場合。

「東京」と言うときに左手を「大阪」というときに右手を軽く握って位置関係を示します。そうすると聞き手の頭の中では、あなたの目の前に日本地図が描かれ仮想的に東京と大阪をイメージすることができます。

このとき、東京は聞き手から見て右側（自分の左手）、大阪は左側（自分の右手）を示さないと、東西が逆になってしまいますので、ご注意ください。

ただあまり難しく考えないで「位置関係を示したい」ときは思い切って手で示してみましょう！

〔図表12　手のひらを見せる〕

手のひらを見せる

手のひらを相手に向けると「私は武器を持っていませんよ」という合図になります。手のひらを見せることで聞き手を安心させることができるのです。

特にスピーチの冒頭に聞き手の注目を集めるとき。「皆さん一日前をご覧ください」と言って、両手のひらを大きく広げてみせましょう。こうすることで聞き手は安心すると同時に、話し手に潔《いさぎよ》さを感じます。

動きの大きさは会場の大きさに合わせる

大きな会場であればあるほど、大きくゆったりとしたアクションにしなければなりません。

一方、少人数での会議などでは小さく細かいアクションでOKです。

ただ、皆さん小さく細かな動きになりがちですので、自分が思っているよりも大きくゆったりとしたアクションを心掛けるようにしましょう。

One Point　手の使い方

・手を動かさないときはホームポジションで固定。
・動かすときは「手を体の外に出して」できる限り大きなアクションを意識。
・2地点間、2つの選択肢は手で示す。
・手のひらを見せて聞き手の注目を集める。
　↓
効果的に聞き手を惹きつけることができ、堂々とした印象を与えることができます。

⑤ 躍動感のあるスピーチ

会場を巻き込むようなスピーチ

会場を巻き込むようなスピーチは聞き手に感動を与えます。
具体的にどうすれば会場を巻き込むような躍動感のあるスピーチを演出できるか。
順を追って説明します。

ステップ1．マイクを手に持つ

スピーチの場面ではよくマイクがセットされたステージが用意されていますが、その上でお行儀よくスピーチをするのはもったいないです。

マイクを台座から外して手に持ちましょう。

この動きがステップ2以降に繋がっていきます。

ステップ2．前を横切る

「それでは皆さん、一旦前をご覧ください」と言い、手を広げながら（片方の手がマイクでふさがっている場合は片手でＯＫ）聞き手の目の前を横切ってください。

スライドが投影されていて、自分の影が入ってしまうかも知れませんが、お構いなしに横切ってください。

この時点で聞き手はスライドではなく話し手である「あなた」に注目します。スピーチやプレゼンの主役はスライドではなくあくまで話し手ですから。

ステップ3．客席まで近寄る

質問技法の説明時にも解説した通り、聞き手に「質問」し、インタビュー形式で実際に答えてもらいます。よくコンサートやミュージカルでも演者が客席に降りていって、ファンの近くで歌ったり演技したりしますよね。あのイメージです。後ろのほうで手が挙がったら、その人のところまで行きマイクを向けて質問をします。

前に座っている聞き手は自ずと、話し手を目で追いかけ体を後ろに向ける人も出てくるでしょう。こうなれば「会場全体を巻き込んだ」躍動感のあるスピーチの出来上がりです！　聞き手は楽しい「エンターテインメント」を見ている気さえするはずです。

初めはとても勇気のいる行動ですが、慣れると気持ちよくなってきます。何より聞き手と一緒にスピーチをつくっている感じがして、本番を楽しむことができる手法です。

まずは「マイクを手に持つ」ところから始めてください。

きっとスピーチに対する捉え方が変わりますよ！

One Point　躍動感のあるスピーチ

・マイクを手に持つ。
・客席の前を横切る。スライドではなく自分に注目を集めるため。
・客席まで近寄って質問する。

←

聞き手と一緒につくる躍動感のあるスピーチの完成。

⑥　カッコよく拍手をもらう技術

拍手がなく終わってしまうスピーチ

効果的なボディーランゲージも使って、客席にも近寄って躍動感のあるスピーチをしたら、最後は聞き手から盛大な拍手もらってください。遠慮する必要はありません。たとえ少々うまくいかなかったとしても、緊張する人前で頑張ってスピーチをした話し手に聞き手は感謝の気持ちを込めて拍手をしてあげたいと思っています。

それにもかかわらず、拍手がなく終わってしまうスピーチがあります。

非常にもったいない。それはどんなときでしょうか？

終わりがわからない

あれ？　いつ終わったの？　というスピーチを見かけます。終わりがわからないので、聞き手は拍手のしようがありません。また、仕事上でのプレゼンでも、話し終わったらすぐに「質疑応答コーナー」を始める人がいますが、それはよくないです。

一旦、プレゼンをきちんと終えて、拍手をもらってから、その後で「質疑応答コーナー」を始めるようにしましょう。

質疑応答はあくまでおまけ

話し手にとって質疑応答の時間は楽しいものです。

自分の話に興味を持ってくれている感じがするし、ようやくそこで聞き手との対話ができて緊張がほぐれるからです。

ただ、私の経験では質疑応答時に、本当にその場で全員が共有すべきような「的を射た」質問をする人は稀です。だいたいが些末な質問や個人的な感想か、質問を装って自分の知識を披露してくるパターンのいずれかです。ほとんどの場合、質問した人と話し手以外の聞き手は興味を持っていません。自分は質問がないので「早く終わって欲しい」とさえ思っています。

そもそもスピーチやプレゼンの後に沢山の質問が出るということは、その話自体の説明に不足があり聞き手が納得しなかったということです。

スピーチをつくる時点で聞き手の立場に立って「質問事項」を洗い出しそれに対する自分の答えを盛り込んでおきましょう。そうすることで多くの人にとっては不要な「質疑応答」の時間を削減することができます。

拍手をもらえるステップ

では、どのようなステップを踏めば聞き手に「終わり」というメッセージを伝えた上で、拍手をもらうことができるのでしょうか？

ステップ1．本日のまとめ

5分を超えるようなスピーチやプレゼンであれば、本日のまとめ・おさらいをしてください。一生懸命話したつもりでも、伝わっていないことが多いので。

「今日これだけは伝えたかったこと」聞き手にとっての「ベネフィット（利益）」や「この後、取ってもらいたい行動（アクション）」を短くまとめて伝えましょう。まとめに入ると聞き手は「あっ終わりに差し掛かっているな」と感じてくれます。

ステップ2．記憶に残る締めの言葉

さあいよいよ最後の締めの言葉。単に「ご清聴ありがとうございました」だけだと味気ないですよね。「終わりよければすべてよし」最後はカッコよくキメて終わりましょう。

私がよくやるのは冒頭で発した言葉の回収です。

例えば話の冒頭で、

「私のスピーチは参加型です。皆さん、私のスピーチに是非、積極的にご参加ください」

と依頼したのなら、最後は、

「皆さんの積極的なご参加、誠に有難うございました」と締めます。

そうすると聞き手に「おっ上手いな」と感じさせることができます。

第1章の「即興っぽく見せる技術」でご紹介した「前の人のネタに乗っかる技術」を冒頭で使っ

たのなら、再度乗っかれば笑いを起こすことも可能です。

前の人のスピーチネタが「ワニ」で、自分のスピーチの冒頭で、「私の好きな爬虫類はカメレオンです」と伝えた場合、最後、「では今からペットショップにカメレオンを見に行ってきます」と言えば、ユーモアな一面を伝えられるとともに、スピーチの上手さをアピールすることもできます。

プレゼンの場合、最後のスライドでわざわざ御礼のスライドを見せるのが習慣化していますが、不要です。「まとめスライド」を残したまま聞き手への感謝は自分の口で伝えましょう。

最後の御礼を述べるときのコツ

最後の御礼を述べるときのコツは「笑顔」で「堂々」と「大きな声」で伝えることです。スピーチやプレゼンの冒頭は入念に準備しますが、終盤は練習不足であったり、セリフを忘れたりして、初めの勢いが衰えてしまうこともあります。その衰えた勢いのまま「すみません。最後おどおどしてしまって」とか「お聞き苦しいスピーチで申し訳ございませんでした」とお詫びする必要はありません。

オリンピックの体操やフィギュアスケートでも途中の演技で多少失敗しても「最後の着地」が綺麗に決まれば、会場から大きな拍手がもらえます。スポーツは採点競技ですが、スピーチの良し悪しは「如何に聞き手を感動させたか」「行動変容を促すことができたか」で決まります。

その度合いを測る最大の指標は「最後の拍手の大きさ」です。

途中どれだけ詰まっても、最後はビシッと終わりましょう。最後の御礼のセリフだけでも決めておくと途中も安心してスピーチができます。絶対失敗しない着地方法。それが最後の御礼です。

ステップ3．分離礼

締めの「有難うございました」と言うと同時に頭を下げてしまうと、声がこもり、とびっきりの笑顔を見せることもできません。分離礼というのは「挨拶」のマナーです。「語先後礼」とも言います。先に挨拶を言い、その後でお辞儀をしたほうが、より丁寧とされています。

スピーチの後も「有難うございました」と言い終わった後でお辞儀をすると、丁寧さと共に、話し手の自信も伝わるので、より聞き手からの拍手が大きくなります。

堂々と余裕を持って「分離礼」で最後を締めましょう！

One Point　カッコよく拍手をもらうコツ

・本日の「まとめ」を簡潔に話す。
・スピーチの途中上手くいかなくても気にせず笑顔で大きな声で「有難うございました」と伝える。
・分離礼。感謝の気持ちを伝えてからお辞儀をする。

⑦　間の取り方

一番大切で一番難しい技術「間」

人前で話す上で最も重要な技術。それが「間」を取ることです。簡単に聞こえますがとても難しい技術です。スピーチの授業では必ずと言っていいほど一番初めに「間をとって話しましょう」と教えられますが、最後の最後までできない人が多数です。

逆に言うと「間」の取り方さえ習得できれば、一気にスピーチ名人になることができるのです。

普段の会話で間は取らない

なぜそんなに「間」を取るのが難しいか。それは普段の会話で「間」を取ることがないからです。

例えば夫婦の会話で「間」を取ったらこんな感じになります。

妻「あなた。今日は何が飲みたい？」

夫「そうだな。俺は・・・(間) ビールが飲みたい」

妻「・・・えっ？　どうしたの？　なに芝居がかってんの？」

普段の会話で間を取って話すと可笑しいですよね。ドラマの役者みたいな演技で違和感があります。

だから「え～っ」とか「あ～」とか言う「間埋め」言葉を使って話すのが普通で違和感もありません。

間のないスピーチは「間抜け」

ただスピーチやプレゼンなど、人前で話すときは「間」が必要です。普段話しているように「え〜っ」とか「あの〜」という「間埋め」言葉を使いすぎると、聞きづらいと感じます。「間抜け」という言葉はおろかで要領が悪いこと、またそういう人を指しますが、言葉の由来は、読んで字の如く。時間的な間隔の「間」が抜けているということです。

「間」の意味は、お芝居や舞踏において、音や動作の休止時間のことを言い、「間」が抜けてしまうとテンポが合わないことを意味した言葉です。

「え〜っ」とか「あ〜っ」を言う心理

なぜ間埋め言葉を言ってしまうのか？　それは「間」が恐いからです。

「セリフを忘れたと思われたくない」、「黙っていると間に押しつぶされそうになる」という心理が働いて「間埋め」言葉を使ってしまい、結果「間抜け」なスピーチを自らつくってしまっているのです。

間の取り方その1「間埋めことばを間に変える」

スピーチにおいて「間」というのはシンプルに「黙る」ということです。まず一番効果的な方法は「え〜っ」という間埋め言葉を言わない＝黙るということです。

黙っている間に次に話す言葉を考えればOKです。5秒くらい黙っても平気です。話し手は懸命に次の言葉を考えているだけですが、聞き手は「間を使って効果的に話している」と勘違いしてくれます。

この「聞き手と話し手の感覚のズレ」は常に意識する必要があります。自分では長く感じる「間」も、聞き手にとっては不十分なことがほとんどです。

間を恐れずにシンプルに黙りましょう。その黙っている時間が効果的な「間」に変わります。反対に自分では気づかないけれども、何度も「え～っ」とか「あの～」と言っていることがよくあります。だからビデオ撮影や音声録音での練習が欠かせません。

ただこの間埋め言葉。100％排除する必要はありません。どんなにスピーチが上手い人でも言っています。ですので、あまり神経質にならなくてOKです。自分でも、間埋め言葉を言い過ぎているなと感じたら、それを間に変えればOKです。

どうしても「え～っ」「あの～」が出てきてしまう場合は「心の中」でつぶやきましょう。丁度よい間になるはずです。

間の取り方その2「大事な言葉の前に3秒の間」

間埋め言葉を言わなくなったらその次は、自ら「間」を効果的に取ることにチャレンジしてみましょう。一番簡単な方法、それは大事な言葉の前に3秒「間」を置くことです。

自分が伝えたいメッセージを言うときや、クイズや質問の答えを言うとき。3秒の間を取りましょう。と言ってもこの3秒。たった3秒ですが、話し手にとってはとても長く感じられ、多くの人が間に耐えられずすぐに言葉を発してしまいます。

クイズミリオネアの司会者みのもんたさんの間の取り方は絶妙でした。

みのさん「ファイナルアンサー？」

解答者　「はい」

・・・・・・・(長〜い間)

みのさん「正解！」

ここまでためる必要はありませんが、ここぞというときに思い切って心のなかで3秒数えて「間」を取りましょう。ちなみにスピーチでクイズを出すのは聞き手を巻き込む上でおススメの方法です。2択にして「Aだと思う人？」「Bだと思う人？」という感じで挙手を求めます。そして正解を伝えるときに、みのもんたさんになった気分でたっぷり間を取って「正解は・・・・・・・・Aです！」と言ってみましょう。間を取るだけでクイズがいっそう盛り上がります。

間の取り方その3「句点（。）で2秒」

文章の切れ目「句点（。）」の後に間をとればとても心地よく歯切れのよいスピーチになります。

句点のない文章では間を取る箇所がありませんので、とても聞きづらくなってしまいます。

例えばこんな感じです。

「私の趣味は海外旅行なんですが、この前韓国に行ってきまして、焼肉を食べて来たんですけど、とっても美味しかったので、是非、皆さんにも、一度韓国に行って、焼肉を食べることをおススメしたいと思います」

このような長文で話している人を結構見かけます。文章を「読点（、）」で繋げてしまうと、間が取りにくく、結果、間抜けなスピーチになってしまいます。

聞き手側も息つく暇がなく聞いていて疲れてしまいます。

短文を意識する

この文章を短文で書くとこんな感じです。句点（。）の後で２秒の間を取りながら読んでみてください。

「私の趣味は海外旅行です。この前韓国に行ってきました。そこで、名物の焼肉を食べてきました。それがとっても美味しかったんです。是非、皆さんも一度韓国に行って焼肉を食べてみてください。おススメです！」

如何でしょうか？「句点（。）」が沢山あるので、必然的に間を取りやすくなります。意識しないとついつい、読点で繋いで文章を長くしてしまいがちです。人前で話すときは短文を意識しましょう。やりすぎかなと思うくらい短文で話して丁度いいのです。

One Point 間の取り方

・「え〜っ」や「あの〜」という間埋め言葉を間に変える＝シンプルに黙る。
・長文だと間が取りにくい。短文で話す。句点（。）の後で2秒の間を取る。

⑧ 話の速度の変え方

早口かゆっくりか

よくある質問で「早口のほうがよいですか？　それともゆっくり話したほうがよいですか？」と聞かれます。どちらが正解という訳ではありません。目的によって使い分けが必要なのです。

両方使えるようになるのがベストです。

まずは現状認識から始める

あなたは人前で話すとき、緊張して早口になってしまいますか？　それともゆっくり平坦な口調で話してしまいますか？

まずは自分がどちらのタイプなのかを理解することが大切です。私もそうですが、どちらかというと早口になる人が多いのではないでしょうか？

早口になる心理

早口になりすぎる理由は２つ。１つ目は早くこの場から逃げ去りたいという心理です。人前に立ったらあなたが主役です。逃げられません。腹を括って、堂々と落ち着いて話せばＯＫです。２つ目の理由は、限られた時間内に、沢山情報を伝えないと伝わらないと勘違いしているということです。情報は少なければ少ないほど伝わりやすくなります。メッセージを絞り込んで、伝えたいことをゆっくりと感情を込めて伝えましょう。

早口はＯＫ

ただ早口はマイナス面ばかりではありません。スピーチにおいて、実は早口はむしろ有効な話し方です。熟練したスピーカーや人気講師たちは早口で話す人が多いです。平たい口調でのんびり話していては、聞き手はすぐに飽きてしまうからです。彼らが早口なのにもかかわらず、聞き手はストレスなく話を理解できてしまいます。

その理由は彼らが効果的に「間」を使って話しているからです。きちんと間をとって話しているからこそ、早口でも内容が理解しやすいのです。「間」と「早口」はセットなのです。

冒頭は丁寧にゆっくり話し、徐々にペースを上げる

とは言え、初めから早口でまくし立てると聞き手はついてこられません。

ポイントは徐々にペースを上げることです。

冒頭、後ほど解説する聞き手にフックをかけるテンプレートを使い、ゆっくり丁寧に聞き手を惹き込んでいきます。聞き手があなたの話に惹き込まれた（フックがかかった）のを見計らって、どんどんペースを上げて、話します。熱意を込めて感情表現豊かに話してください。但し効果的に「間」を使いながら。

話す速度が増すと、あなたの熱意や真剣さ、更には専門性を聞き手に印象づけることができます。そして再びペースを落とし、最後はゆっくり丁寧に締めましょう。こうすることで、メリハリの利いたテンポのよいスピーチが完成します。

スピーチのテンポは冒頭ゆっくり↓中盤早口になり↓最後はまたゆっくり話すのが効果的です。

ゆっくり話し過ぎてしまう人はノンバーバルスキルを多用する

自分では一生懸命早口で話しているつもりだけど、なかなか早く話せない人もいます。周りからは「熱意が感じられない」と誤解されてしまう可能性もあります。

そういう方にはノンバーバルスキルを使うことをおススメします。

前章でご説明したアイコンタクトや喜怒哀楽表現、更には手の動きを使ったボディーランゲージを意識して使ってみてください。ノンバーバルスキルを上手く使えば、ゆっくりとした口調でも、あなたの熱意は伝わります。

語尾に気をつけよう

日本語は最後の語尾で意味が変わる言語です。一方、英語は最初に自分の意思を伝える言語です。例えば、I do not like you。日本語に訳すと「私はあなたのことが好きではありません」です。英語の場合は「not」が入っているので早めに意味がわかりますが、日本語の場合は最後まで聞かないと好きかどうかわかりません。

あなた「私はあなたのことが好きで・・・・」

聞き手「えっ？　今何て言ったの？　最後よく聞こえなかった」

勇気を出して言ったつもりなのに、伝わらないともったいないですね。変に勘違いされても困ります。日本語は語尾が大事だと理解しているにもかかわらず、最後まで気を抜かずにきちんと語尾まで話さない人が多いです。結果、コミュニケーションミスが発生し、言ったとか言わないだの問題が発生しがちです。

ここでは、ストアカで講師もされているフリーアナウンサー一色 映里先生に教わった、語尾の扱い方についてご紹介します！

語尾はそっと棚に置くように

緊張すると早口になるという方は特に、語尾をそっと棚に置くように話してみましょう。どんなに明るく、速いテンポで話していても、最後、文が終わりに近づくにつれてスピードを落としてゆっくり話してみましょう。例えば、「～という訳で、皆様、本日はどうぞよろしくお願いします」というセリフであれば、「どうぞ」くらいからスピードを落としていきます。最後の「します」をはっきり丁寧に発音しましょう。語尾まで力を抜かない、しっかり言い切る。きちんとアイコンタクトも取る。そうすれば堂々としている感じが出てあなたの信頼度も上がります！

One Point 話の速度の変え方

・早口はOK。但し「間」を意識して使う。早口と間はセット。
・スピーチのテンポは冒頭ゆっくり↓中盤早口↓最後はまたゆっくりが基本。
・ゆっくり話し過ぎてしまう人は、ノンバーバルスキルを意識して使う。
・語尾はそっと棚に置くように丁寧に扱う。

⑨ 声のトーンの変え方

地声がよい

自分の声が嫌いという方はとても多いです。男性なのに高い声で弱弱しく聞こえるとか、女性なのに暗くて低い音域しか出ないとか。自分の声が嫌いだから、人前で話すのも嫌だと思われているかもしれませんが、それは自意識過剰なだけです。あなたの地声が変だと周りは思っていません。むしろ、急に声が変わると逆に信頼度が落ちてしまうことがあります。

例えば、奥さんがいつも以上に高い声で話しかけてきたり、旦那さんの声がうわずっていたりしたら「うそをついているんじゃないか？」と疑ってしまいませんか？

スピーチやプレゼンも同じです。いきなり意気込んで高い声で話したり、わざといつもより低音で話したりすると周りは「あれっ？　いつもと違う。聞きづらい」と思い、内容が頭に入りません。

まずは緊張した場面でも、友達や家族と普段の会話をするときのように「地声」を出せるように意識してください。あなたの地声が一番信頼される声なのです。

ずっと同じ口調だとつまらない

緊張した場面で地声が出るようになったら、次は声のトーンを変えていきましょう。あなたの地声がどんなにいい声で、聞き心地がよくても、ずっと同じ話し方だとだんだんつまらなくなり、眠くなってしまいます。

聞き手を惹きつけるには、話の内容や目的に合わせ「声のトーン」を変えるのが効果的です。

声の3要素

声は「高さ」「大きさ」「速度」の3つの要素で構成されます。一般的に「明るい声」というのは、高くて大きくて速い声です。反対に「暗い声」というのは、低くて小さくて遅い声です。これを自由自在に操れると、自分の話す内容に応じた声を出すことができ、聞き手を惹きつけられます。

明るい声のトーンの出し方

「みなさん、おはようございます」という挨拶を暗いトーンで言うと、聞き手からの挨拶は返ってきません。言葉の内容と声のトーンが一致していないので、聞き手が混乱してしまうからです。

一番簡単に調整できるのが声の大きさ。スピーチが苦手という人ほど、声が小さいです。どんなに内容が素晴らしくても、声が小さくて聞きづらかったら台無しです。会場の一番遠くにいる聞き手に届くように声を出しましょう。

このとき喉から声を出そうとしてはいけません。自分のお腹に手を当ててお腹を膨らますように声を出してください。喉から声を出そうとしてもボリュームは上がりませんし、すぐに声が枯れてしまいます。

次に高さ。高い声は上に出すイメージです。顔全体を少し上に向けて、声が放物線を描いて一番後ろの人に届くように出しましょう。顔の表情は笑顔50％の「楽」の表情を意識してください。顔につられて、明るく高い声が出るようになります。

最後に速さ。テンポよく少し早口で話すようにすると、明るさを演出できます。楽しい話をするとき、緊張している参加者がいる場を盛り上げたいときは、スピードを上げて話しましょう。

暗い声のトーンの出し方

深刻な話をするとき。辛かった過去のエピソードを話すとき。暗く低いトーンの声が出せれば、聞き手を惹きつけることができます。明るいトーンと反対で声は下に出すイメージです。顔全体を少し下に向けて、「哀」の表情を意識してください。スピードを落としてゆっくり低い声で話せば、聞き手に暗い話のイメージを伝えることができます。

ポイントは声のトーンの切り替え

話の内容に合わせて「声の明暗」を切り替えていきます。そうすることで、聞き手は「ここから明るい　OR　暗い話が始まるんだな」と理解し、いつの間にかあなたの話に聞き入ってしまいます。例えばこんな感じです。

私の娘がつくったスピーチの冒頭です。

テーマ：私の友達リアナ

（暗い声のトーンで話し始める。低くゆっくり）

皆さんは周りに友達がいない。周りの人が何を言っているかもわからない。こんな経験をしたことはあるでしょうか？　私は親の仕事の関係で4歳のとき、イギリスの学校に入学しました。友達は1人もいない。ＹｅｓもＮｏも話せない状態。登校した初日はとても憂鬱で、教室の隅で1人で窓を眺めていました。

（ここから明るい声のトーンに切り替え。高く速く）

そんなとき、1人の女の子が声を掛けてくれました。それが今から紹介する私の親友リアナです。リアナはとても明るく元気な女の子でした。英語が全くわからない私を気にかけてくれて、一緒に遊んでくれました。リアナと過ごすうちに、いつの間にか周りの友達が何を言っているかを理解することができ、私のイギリス生活がパッと明るくなりました（「楽」の笑顔で）。

少し大げさにやるくらいが丁度よいです。ポイントはトーンを切り替えるときの第一声。今回の例であれば明るいトーンに切り替えるときの第一声「そんなとき」。この部分で思い切って、明るく高く大きな声を出しましょう。

声のトーンだけで自分の感情を聞き手に伝えることができ、結果、聞き手を惹きつけることができます！

One Point 👆 声のトーンの変え方

・明るい声は上に出すイメージ。「楽」の表情を意識し早口でテンポよく話す。
・暗い声は下に出すイメージ。「哀」の表情を意識しゆっくり低く話す。
・話の内容が明るい場面に変わる瞬間、思い切って明るい声のトーンに切り替える。

第3章

ロジカルに笑いを起こすユーモアスピーチの秘訣

① ユーモアの位置づけ

スピーチに笑いの要素を取り入れる

人を楽しませたい！　笑わせたい！　という思いは誰しもが持つ欲求です。

折角人前に立つのだから、少しくらい気の利いたユーモアの要素を入れたいですよね。

スピーチにおいてユーモアはとても重要な要素です。笑いがあれば会場も盛り上がるし、雰囲気もよくなります。

是非、皆さんのスピーチに笑いの要素を取り入れていきましょう。

スピーチにおけるユーモアの効果

ユーモア程、聞き手の心をつかみ最速で会場の雰囲気を和やかにできるスキルはありません。

真面目な話ばかり聞かされると、聞き手は疲れてしまいます。話し手もずっと緊張しっぱなしです。

少しでも会場の参加者を笑わせることができたら、聞き手の集中を再度あなたの話に向けることができます。

笑いが起これば会場全体が和やかな雰囲気に包まれ、あなた自身の緊張感もほどけていくのです。

また、笑いを起こした後に真面目な話をすれば、全体の構成も引き締まり、メリハリの利いたスピーチに仕上がります。

「クスクス」という笑いでOK

そもそも聞き手は「笑いに来ている訳ではない」ので、スピーチにおいて爆笑はあまり必要ではありません。緊張をほぐす程度の「クスクス」という笑いでいいのです。

私が開催する研修において、私自身も緊張していますが、受講する生徒さんも緊張されています。研修ではグループワークを沢山取り入れていますが、緊張したままだと盛り上がりません。グループワークが盛り上がらないと、研修の満足度も下がってしまいます。

こういった場合に少しの笑いの要素を取り入れると、高い効果をもたらすのです。

次からはこの笑いをロジカルに生み出すユーモア話術の秘訣をお伝えします！

One Point　ユーモアの位置づけ

・ユーモアが全くないスピーチはつまらない。
・ただし、爆笑は不要。緊張をほぐす程度の笑いが起これば、メリハリの利いたスピーチができる。

② 自虐ネタのススメ

・あるあるネタ
・自虐ネタ

この2つは聞き手からの共感を得やすく、比較的簡単にスピーチに取り入れることが可能です。

特に私は自虐ネタをおススメしています。理由は次の3点です。

①誰も傷つけない・嫌みがない

自虐ネタは自分にしか話せないオリジナルストーリーです。一方、他人の失敗を話すのは危険です。ネタにされている人は何とも思っていなくても、聞き手は「悪口を言っている」と感じてしまうことがあるからです。他人が失敗したネタというのはできる限り避けましょう。

その反面、自虐ネタであれば誰も傷つけません。

ただし「自分も乗り越えられていないような悲惨な話」は控えましょう。元彼が結婚詐欺師で気づいたら100万円を貢いでいました・・・新車を買った直後に事故をして納品の日が廃車の日になりました・・・など、自虐が壮絶過ぎて笑えません。誰にでも起こりうるような軽い自虐ネタがおススメです。

②真面目そうな人ほどウケる

京都大学出身、有名企業で働く傍ら、中小企業診断士としても活躍する知り合いがいます。本当に真面目な彼ですがある日「実は私、禿げてたんです」と唐突に話し始めました。

普通の人なら薄毛に効く薬を買いにいくところを、京大理系出身である彼はまず「人はなぜ禿げるのか？」というメカニズムについて研究したそうです。さすが京大！

結局、遺伝であり将来禿げることは避けられないという結論に至りました。ただ薄毛の進行を止めることは可能とのことで、今は頭皮のケアをしてまた毛が生えてきました。という話を本当に真面目に無邪気に話すので、その真面目さとエピソードとのギャップ（＝裏切り）に、周りで聞いていた我々は腹を抱えて笑いました。

特に普段、真剣に仕事をしているビジネスパーソンが真面目に自虐ネタを話すだけで、笑いを生み出すことができるのです。このギャップ＝裏切りが大きければ大きいほど、人は笑ってしまいます。

③高度なトークスキルは不要

顔芸やものまねは、練習が必須ですし、フリとオチで構成するショートコントや漫才は高いトークスキルが必要です。ツッコんでくれる相方も要ります。

一方、自虐ネタは自分のキャラ（素の自分）で話せばＯＫです。最低限のユーモア知識があれば誰でも話せて好感度を与えることが可能なのです。

One Point ☝ 自虐ネタのススメまとめ

・自分だけが話せるオリジナルストーリー。
・誰も傷つけないので安全。
・真面目そうな人ほど、普段とのギャップでウケる。
・高度なトークスキルは不要。

③ 自虐ネタエピソードのテンプレート

さて、ここからは誰でもつくれて、ロジカルに笑いを起こすことができる自虐ネタエピソードのテンプレートをご紹介します！

早速ですがまずは次のエピソードを読んでください。

自虐ネタエピソード

私、こう見えてめっちゃ音痴なんです。

例えば、カラオケに行って自分が歌いだしたら、みんなトイレにいったり、ドライブ中、曲に合わせて歌っていたら、となりに乗っている人に「ハモるの上手いね」って言われたりします。

でも自分では全く音痴とは思っていないんですよね。

ただそんな私も「もしかしたら自分は音痴なのかも？」と初めて思ったエピソードをお話しします。

私が小学校3年生のとき、クラス対抗の音楽会がありました。
クラスでの練習時に、私を音痴とは知らない担任の先生から、
「つかさ君は声が大きいから真ん中で歌おう」
と言われ、気分を良くした私は元気に真ん中で歌って練習しました。
1曲目が終わると先生が苦笑いしながら
「つかさ君、もっと綺麗な声で歌いましょう」と言われ、
綺麗な声の出し方なんてわからないので同じように歌っていると、先生が少しムッとしながら
「つかさ君は元気があるから端っこに行って歌おう」と言われ、
それでもお構いなしに元気に端っこで歌って練習していました。
恐らく先生はどうしてもクラス対抗の音楽会に勝ちたかったんでしょうね。
本番3日前になって先生が思いつめた顔で私に近寄ってきてこう言いました。
「つかさ君はリーダーシップがあるから前に立って指揮をやろう」と。
目立ちたがり屋の私はそこから一生懸命、指揮の練習をしました。

迎えた本番、指揮をやっているのは私のクラスだけでした。
そもそも音楽の先生がピアノを弾いているので指揮なんていらないんですよね。
でも、自分の指揮のおかげで私のクラスは優勝しました！
あっここ笑うところですよ〜。

これは私自身の自虐ネタエピソードの1つですが、字面だけで読むとあまり面白くないかも知れませんが、現実ではほぼ確実に笑いを生み出すことが可能です。

それはこのエピソードが「ロジカルに笑いを生み出す」テンプレートに乗せて構成されているからです。このテンプレートに沿って、自分の失敗談や苦手なことを話すだけで、オリジナルのエピソードトークをつくることができます。皆さんも是非ユーモアエピソードにチャレンジしてください！

まずは自分が話せそうなメインの自虐ネタストーリーを1つ用意してください。

失敗談や苦手なことならなんでもいいですが、悲惨なものではない、あくまで軽い、自虐ネタがベターです。

ステップ1　こう見えて○○なんですよね

まず初めに自分はこう見えて○○なんですと打ち明けます。

次に挙げる「才能」や「人間性」の中から、自分のメインストーリに関連づく項目を選んでください。

こう見えて○○の例

【才能編】

音痴、方向音痴、運動音痴、読書が嫌い、算数が苦手、英語が苦手、海外が苦手、絵が下手、車の運転が苦手、字が汚い、緊張しい、服のセンスがない　など

【人間性編】

負けず嫌い、頑固、意地っ張り、短気、単純、わがまま、飽きっぽい、せっかち、心配性、優柔不断、マイペース、自己中心的、でしゃばり、おっちょこちょい、忘れっぽい、整理整頓ができない、気が散りやすい、人見知り、流されやすい、計画性がない、意志が弱い、気が小さい、お化けが怖い、好き嫌いが多い　など

メインの自虐ネタと関連づけられるような「自分の弱点」を選んでください。

ステップ2　○○なショートストーリー

ここでメインの自虐ネタエピソードトークと関係するような軽いネタを挟みます。できるだけ、短めに話してください。

このショートストーリーを挟むことで、聞き手に「今からユーモアエピソードを始めますよ～」

という合図を送ることができます。いきなり面白いことを言っても笑いを生み出せないのは、聞き手に笑う準備が整っていないからです。笑いに来ている訳ではない我々のプレゼンやスピーチの聞き手であればなおさらです。メインエピソードへの助走として、軽いショートストーリーを挟みましょう。

ステップ3　メインエピソードの背景説明

ユーモアトークが空振りする理由の1つとして、主語述語関係が不明瞭で、話の飛躍があり、何を言いたいのか推測しないと理解できないということが挙げられます。当たり前のことですが、聞き手は話し手の頭の中の映像を見ることはできません。きちんと、「いつ」「誰が」「何を」「どこで」した場面なのかを、端折らずに丁寧に説明しましょう。

ステップ4　笑い①➡笑い②➡笑い③

ようやくここでメインのユーモア（自虐ネタ）を話しますが、1度の笑いで終わらせず、2度目3度目の「笑い」を起こしてください。

我々が行うスピーチやプレゼンにおいて、一発逆転ホームランのような笑いが起きることは稀です。あったとしても、事故やトラブルで、狙って起こせる笑いではありません。

スベる原因は「笑いどころ」の頻度が少ないことです。

ステップ5　オチ

失敗やドジだけでは、聞き手の予想を裏切ることは難しいです。「オチ」をつくって、聞き手の予想を超えることで、やっとユーモアをつくり出すことができます。

ここではよく使われる「オチの種類」をご紹介します！

①恥も外聞もない言動
②皮肉
③図々しい欲求
④極端な一般化

オチ①恥も外聞もない言動

一般の人が恥ずかしいとか、不格好と思うことを平然とした態度で言いましょう。

（例）

・自分は服のセンスがないのでマネキンの恰好をそのまま真似します。そのため、上下の組み合わせを変えることができません。

・そもそも自分は本を読むのが嫌いです。小学校3年生のときに読書感想文を書いた本はカチカチ山でした。内容が簡単過ぎて、逆に読書感想文のほうが長くなってしまいました。

・ドライブしていたら1日に2回もスピード違反で捕まりました。減点を取り戻すために違反者講習に行った帰りにまた捕まりました、など。

恥を捨てて自分は当たり前のことを話していると言わんばかりの平然とした態度で話しましょう。平気な顔で恥ずかしいことを言っているそのギャップ（裏切り）に、聞き手は笑ってしまいます。

オチ②皮肉

強い立場の人や権威のある人をこき下ろす。一般に正しいと信じられていることをコケにする（サラリーマン川柳に近い）。但し、度を超すと、反感を持たれるので注意しましょう。

（例）

・合唱コンクールで、先生にリーダーシップがあると言われクラスの真ん中で歌っていましたが自分が音痴だったので、先生に端に行って歌って欲しいと言われました。先生の言うことは当てにならないので注意したほうがいいです。

・自分も含めて中小企業診断士はだいたい怪しい人が多いから気をつけましょう。

オチ③図々しい欲求

良識がある人なら遠慮したり、控えたりするところを、図々しい要求をしたり態度をとったりすることで笑いを起こします。余裕のある態度が重要です。

（例）

・あれ？　今僕スベってます？　いつもはもっとウケるんですけど。今日はちょっと調子悪いみたいです。
・今日ここで笑っとかないと、あと笑うところありませんよ！　など。

オチ④極端な一般化

明らかに嘘・大げさだとわかることを、あたかも本当であるかのように言い切る。取るに足らないこと、周りがどうでもいいと思っていることを大げさに取り上げる。

(例)
・自分は音痴過ぎて小学校の合唱コンクールでは指揮をさせられました。だから、世界中の有名な指揮者はみんな音痴だと思います。
・モテトークを学んだので長年連れ添った妻に使ったら「気持ち悪い」と言われました。妻にモテトークは通用しないから気をつけたほうがいいです、など。

ステップ6　フォローフレーズ

ここまでステップを踏んでもなかなか笑ってくれないのが現実です。そこでかなり高確率で笑いが取れる魔法の一言をお伝えします。それが、
「あっここ笑うところですよ！」というフォローフレーズ。

〔図表13　自虐ネタエピソードノテンプレート〕

流れ	内容（例）
こう見えて○○	こう見えてめっちゃ音痴なんですよね。
ショートストーリー	例えば、カラオケに行って私が歌いだしたら、みんなトイレにいったり、ドライブ中、曲に合わせて歌っていたら、となりに乗っている人に「ハモるの上手いね」って言われたりします。
背景説明	私が小学校3年生のとき、合唱コンクールで先生に「つかさ君は声が大きいから真ん中で歌おう」と言われ元気に真ん中で歌って練習しました。
笑い1	1曲目が終わると先生が苦笑いして「綺麗な声で歌おう」と。2曲目以降は「元気があるから端っこに行って歌おう」と言われ、それでも元気に端っこで歌っていました。
笑い2	本番3日前になって、先生が「つかさ君はリーダーシップがあるから前に立って指揮をやろう」と。そこから指揮を猛練習。
笑い3	迎えた本番、指揮をやっているのは自分のクラスだけでした。そもそも音楽の先生がピアノを弾いてるので指揮いらないんですよね。
オチ	自分の指揮のおかげで私のクラスは優勝しました。
フォローフレーズ	あっここ笑うところですよ！

真面目なスピーチやプレゼンの場面。「笑って邪魔してはいけない」と思っていたり、「面白いけど、声を出して笑うほどではない」と思っていたりする聞き手がいます。その人達に向け「どうか笑ってください」という気持ちを込めて言うのがこのフォローフレーズです。

そうすれば、よほどのことがない限り、聞き手は笑ってくれます。

ステップ1～5まで踏んでもなお笑いが起きなかったとき。フォローフレーズを言ってください。この魔法の言葉を準備しておくだけで、かなりリラックスして話すことができ、結果、笑いも起こりやすくなります。この自虐ネタエピソードのテンプレートを使えばロジカルに狙って面白いストーリーを量産することが可能です。是非みなさんもテンプレートに沿って、オリジナルの自虐ネタエピソードをつくってみてください！

④　エピソードトークを話すときの心構え

話し方と心構えが大切

どんなエピソードトークも字面（ストーリー）だけで笑いを起こすことは困難です。話し方と心構えが大切です。ロジカルに笑いを生み出すテンプレートと笑いを生み出す話し方と心構えを知れば、確実に狙って笑いを生み出すことができます。ではいきましょう！

自ら笑わない

ユーモアを話すときの鉄則。それは「自ら笑わない」ことです。

当たり前だと思われるかも知れませんが、言うは易く行うは難し。そもそも自分が面白いと思って話しているエピソードですから、思い出して聞き手の反応を待てずに先に笑ってしまうことがあります。

話し手が先に笑ってしまうと、どんなに面白くても、聞き手は興ざめしてしまいます。自分が笑うのはグッとこらえてください。

聞き手が笑ってから自分も笑うのはＯＫです。

順番は、ネタを言う⬇聞き手が笑う⬇自分も笑う　です。

余裕をもって話す

話し手が、照れ笑いや苦笑いをしていたり、こわばった表情をしていたり、落ち着きがなかったりすると、聞き手は笑えません。

また「笑わせてやろう」と意気込むと、その意図が聞き手に伝わってしまいます。話し手は真面目に・無邪気に話しましょう。笑わせる意図を相手に感じさせると「裏切り」の効果が薄れてしまいます。余裕をもってリラックスして話しましょう。

スベってもOKです。魔法のフォローフレーズがありますから。

人から感想を聞く

特にユーモアは人によって大きく感覚が違う分野です。万人が面白いと思うネタなんてありません。自分が面白いと思っていても、相手にとってはそうでもないということのほうが多いと思います。

そのため、一度エピソードをつくったら、まずは家族や近しい友人に話してみてください。そして率直な意見や感想、わかりにくかったところや修正すべき箇所を聞き出しましょう。それらの点をブラッシュアップしていくことで、より多くの人にとって「面白い」と思われるエピソードに改善していくことができます。折角つくったエピソード。1人でも多くの人に笑ってもらえるよう、愛のある意見に耳を傾けましょう。

笑ってもらえる人になる

お笑い芸人の方は大抵が「笑い上戸」が多いです。松本人志さんや明石家さんまさんなど、笑いのプロほどよく笑っています。よく笑う人の周りには沢山の人が集まってきます。それは彼らが地位の高い人だからではなく、一緒にいて楽しい人だからなのだと思います。

反対に皆さんの周りにこの人の話では「絶対に笑いたくない」と思う人はいますか？　ちょっと想像してみてください。たとえどんなに面白い話だとしても、「笑ってやるもんか」と思う人。

恐らくあなたはその人のことを「嫌い」なのだと思います。嫌いな人の話は聞きたくないし、いくら面白くても笑えないですよね。

反対にこの人の話ならあまり面白くなくても「笑ってあげる」という人はいますか？

いつも自分の話を聞いて笑ってくれる人の話なら「笑ってあげよう」と思いませんか？

究極的にはあなたの「好きな人」がエピソードトークを話していたらつまらなくても笑ってあげますよね。

人から笑ってもらえる人というのは、好感度が高い人です。その人は、他の人の話を聞いていてもよく笑うし、他の人の成功を願っています。

普段から、人の話をよく聞いて、よく笑うことを心掛けましょう。

笑いのハードルを下げましょう。

そうすることで、いつのまにか「自分の話を聞いて笑ってもらえる人」になっています。

言う気は勇気

自分が初めてスピーチでユーモアに挑戦したとき。とっても緊張しました。直前まで「やっぱりユーモアのない普通のスピーチにしようかな」と悩みました。でも思い切ってチャレンジしました。結果どうだったか。微妙なウケでした。２００人位いる会場の20人位しか笑っていなかったと思います。実際はもっと少なかったかも知れません。恥ずかしいというより悔しかったです。でも、10人に1人は笑ってくれるということもわかりました。

それからは、逃げずにスピーチの機会があればできる限り「ユーモア」の要素を入れるようにしました。そうすることで少しずつ、話す順番やコツがわかり、このテンプレートにたどり着きました。

このテンプレートに沿って話せば高確率で笑いを起こすことができますし、スピーチ全体の聞き手の満足度も上がります。ユーモアを言うのはとても勇気のいることですが、狙って笑いが取れたときの感動はひとしおです。

是非皆さんも「言う気」を出してユーモアにチャレンジしてみてください。ユーモアは癖になります。スピーチで使うことができれば大きな武器になりますよ。

⑤　オノマトペを使いこなそう！

オノマトペとは

雨が降っているという言葉に「ポツポツ」「シトシト」「ザーザー」という表現を加えるだけで、それぞれの情景がより鮮明に思い浮かびませんか？

このように物音を言語化した言葉を「擬音語」と呼びます。

「擬態語」という言葉もあります。人の様子や状態を表現する言葉です。

彼のことを考えると○○します。

この中に状態を表現する擬態語を入れてください。

あなたはいくつ思い浮かびますか？

ドキドキ、ワクワク、イライラ、ガッカリなどが入りますね。

このような擬音語と擬態語を総称して「オノマトペ」と呼びます。日本語のオノマトペの数は約5500種類。英語は約1000種類、フランス語は600種類と言われており日本語のオノマトペの種類が際立って多いです。

そんな沢山ある日本語のオノマトペを使いこなすことで、スピーチの表現がより豊かになるのです。

オノマトペを使えばこんな効果が期待できます。

直感的で記憶に残りやすい

子どもが読む絵本にはオノマトペが沢山使われています。

「ボールがポンポンはねる」とか「モコモコの雲」のようになど。

これはオノマトペで伝えたほうが、直感的でわかりやすいからです。

「ボールが上下にはねる」とか「膨らみのある盛り上がった形の雲」と言ったって、伝わりにくいですよね。

スピーチやプレゼンにおいても、聞き手の記憶に残したい部分は、積極的にオノマトペを使いましょう。オノマトペを使ったほうが早いしわかりやすいです。

臨場感を伝えられる

次の2つの文章。どちらのほうが臨場感が伝わりますか?

A：卵を2個分使用したオムライス。卵の中にはチーズとバターを溶かして風味を出しています。副交感神経が刺激され唾液が分泌されてきました。もう我慢できない。いただきます!

B：フワッフワの卵に包まれたオムライス。中にはトロットロのチーズが今にもとろけ出してきそう。プーンと溶けたバターの匂いが香ばしい。ジュワっとヨダレが口の中に広がってきた。

もう我慢できない。いただきます！

Ｂのほうが臨場感と美味しさが伝わってきませんでしたか？

このように相手の頭の中に絵を描くように伝える手法を「ビジュアライズ」と呼びます。その最も簡単な方法は「オノマトペ」を使うことです。

子どもの頃から絵本や漫画で親しんだオノマトペを使ったほうが、難しい言葉で伝えるよりも、簡単に聞き手の頭中に絵を描くことができるのです。

オノマトペを磨く

オノマトペを使うだけでも臨場感を伝えられますが、更に次のような手法を用いることで、話が面白くなります。オノマトペとユーモアはとても相性がいいのです。特に聞き手に笑って欲しい箇所や、強調したいところには、積極的にオノマトペを使いましょう！

落語家に学ぶテクニック

ビジュアライズのプロと言えば落語家です。能や歌舞伎など他の芸能とは違い、衣装や道具、音響にほとんど頼ることなく、言葉と身振り手振りだけで物語を伝えていきます。座りながらひとりで何役も演じる高度な話術を必要とする日本の伝統芸能です。

ストアカで講師もされているＬａｕｇｈ　Ｌａｂ代表の落語家　森田 翔先生に教わった、オノマトペを磨くテクニックをご紹介します！

小さい「っ」「ん」伸ばし棒「ー」を加える

それぞれのオノマトペに「っ」「ん」伸ばし棒「ー」を加えるだけで、更に聞き手の頭の中の絵が鮮明になるのです。

例えばこんな感じです。

フワフワの卵 ⬇ フワッフワの卵。フワフワ感がアップしているようです。

プルプルのゼリー ⬇ プルンプルンのゼリー。お皿の上で揺れているゼリーが想像できます。

じっとみつめる ⬇ じーっと見つめる。穴が開く位、見つめている様が思い浮かびます。

このようにちょっとしたコツで臨場感を伝えることができます。恥ずかしがってはいけません。

オーバーに言うことがオノマトペを使うコツです。

皆さんもオノマトペをガンガン使っていきましょう！

One Point　オノマトペを使いこなそう！

・難しい説明よりオノマトペを使ったほうが臨場感が伝わる。
・小さい「っ」「ん」伸ばし棒「ー」を加えれば、臨場感アップ！

⑥セリフを入れよう！　演技をしよう！

スピーチを彩り豊かにする方法

平坦なスピーチを臨場感にあふれ、彩り豊かにする方法。それが登場人物の「セリフ」を入れるということです。話し手はその登場人物になりきって演技をしながらその「セリフ」を言うのです。そうすると聞き手の頭の中の映像を鮮明に映し出す＝ビジュアライズすることができ、結果、聞き手を惹きつけることができるのです。

次の例をご覧ください。セリフを入れることによって、臨場感あふれるスピーチになっています。

マウンテンバイクには気をつけて（エピソードトーク）

イギリスでマウンテンバイクを楽しんでいたときの話です。そのとき行ったマウンテンバイクの林間コースは前半が長い登り坂で後半に一気に下る設計になっていました。長い坂道を登ってようやくたどり着いた下り坂。その日は仕事でストレスが溜まっていたこともあって、調子に乗って思いっきりスピードを出して下っていきました。すると、コースの途中に小さな溝を見つけました。

「危ないっ」

と思い私は咄嗟にハンドルを切りましたが、タイヤが引っ掛かりコントロールを失い転倒。顔面から思いっきり転げ落ちて顔をガッツーンと打ちました。

「イッテー！」

と言いうずくまり顔に手を当ててみると真っ赤な血がドロドロと流れていました。気づくと前歯も折れています。立ち上がろうしても、色んなところを強打していて、痛みで歩けそうにもありません。

「あっこれはまずい・・・」

と感じ、あたりを見渡しましたが人はいません。5分くらい経っても人が降りてこず、携帯の電波も圏外で助けを呼ぶこともできません。その間も顔から血がポトポト落ちてきます。

「えっもしかしてこのまま・・・」

と思った矢先、コースの上から1人の女性ライダーが降りてくるのが見えました。

「今しかない」

と思った私は人生で初めて本気でこう叫びました。

「ヘルプミー！」

すぐに異変に気づいた女性が近寄ってきて、私を助けようと手を差し伸べようとしてくれましたが、そのとき、私の血まみれの顔を見てこう言ったんです。

「オーマイガー！」

「えっひどい」

と思いながらも実は私の夢が叶った瞬間でした。なぜなら、いつか「リアルオーマイガー」を聞きたいなと思い長年、英語を勉強してきたからです。まさかそれが自分の顔を見た人に言われるとは思っていませんでしたが・・・。その後、女性は冷静さを取り戻し、助けを呼んでくれました。私の長年の夢を叶えてくれただけでなく、命の危機も救ってくれた恩人でした。

ということで皆さん、生きた英語を学ぶには海外でマウンテンバイクに乗りましょう。ただ運転には十分に気を付けてくださいね！

〔図表14　セリフに合わせて演技をしよう！〕

演技力を磨こう

如何でしょうか？　このエピソード（実話）自体インパクトが強くて目立たなかったかも知れませんが、登場人物の「セリフ」が入っていますね。

「ヘルプミー！」とか「オーマイガー！」ですね。

このとき、単にセリフを言うだけではなく、その登場人物になって「演技」をしてください。

本当に助けて欲しそうな表情、声の出し方、そして手振りもつけて「ヘルプミー！」

坂の下から声が聞こえて見に行くと、そこには顔面血だらけの男が助けを求めている。そのときの「オーマイガー！」。手を口に当てて、お化けでも見たかのように驚いた表情をつくります。

スピーチに出てくる登場人物のセリフを入れる＋その登場人物になりきって演技をする。

こうすることで聞き手の頭の中の映像を鮮明に描くことができるのです。

とは言え、演技は難しいです。練習が必要です。独りよがりの演技になっていないか、本番前に知り合いの人（できれば率直な意見を言ってくれる家族）に演技を見てもらって、伝わるかどうかを確かめてください。

絵本で練習しよう！

もし家に絵本があるなら手に取って朗読してみてください。絵本には沢山の「セリフ」が載っています。そのとき感情表現を豊かに、登場人物になったつもりでセリフを話してください。意外と難しいのがわかると思います。平坦な口調になっていないか、聞き手が絵を見なくてもその絵が想像できるような豊かな感情表現ができているかどうかをチェックしてください。

絵本に沢山使われているオノマトペの練習にもなるので、おススメの練習方法です。

One Point　セリフを入れよう！　演技をしよう！
・まずはスピーチに出てくる登場人物の「セリフ」を入れてみよう！
・セリフを入れるのに慣れたら、次は演技。顔の表情も変えて思い切り演技しよう！

第4章　ロジカルに聞き手の心をつかむスピーチの秘訣

①　3つのNOT

コピーライティングとは

人間心理を理解し、言葉で読者の行動を変える技術のことをコピーライティングと呼びます。

新聞、雑誌、ポスター、企業のオフィシャルサイト等で掲載される広告のキャッチコピーやセールスレターを作成する仕事を指すこともあります。

優れたコピーライターは、顧客が何を考え、何を書けば購買行動に繋がるかを理解し、決して難しくない言葉で、「顧客の記憶に残る」言葉を選び出します。ひとつのコピーをつくるために、何度も試行錯誤を繰り返すなど、一見華やかな世界に見えますが、地道な努力と忍耐力が必要な仕事です。

顧客は読まない・信じない・行動しない

コピーライティングの世界でも特に重要なマインドセットとして、自分が書いた文章を顧客は「読まない・信じない・行動しない」というものがあります。

これをまとめて「3つのNOT」と言います。NOT Read（読まない）、NOT Believe（信じない）、NOT Act（行動しない）。このマインドセットはスピーチの世界でも重要です。

聞き手は聞かない（NOT Listen）

最初の「ＮＯＴ　Ｒｅａｄ（読まない）」、スピーチにおいては「ＮＯＴ　Ｌｉｓｔｅｎ（聞かない）」に置き換わります。

まず聞き手はあなたの話を聞かない、という前提でスピーチを構成する必要があります。一生懸命練習して、スライドもバッチリつくって臨むスピーチやプレゼン。こんなに頑張ったのだから聞き手も自分の話を聞いてくれるはず、と思うのは大きな間違いです。

大半の聞き手はあなたの話に興味はありません。あなたの目の前に座って、あなたの話を聞いてくれているような「フリ」をしているだけ。実際は別のことを考えていたり、今にも眠りそうだったりする聞き手ばかりです。

想像してみればわかると思いますが、会社で強制参加させられる研修講師の話や、結婚式の知らない関係者のスピーチ。殆どの場合、興味ありませんよね。内容よりも、眠らないように、目を開けることに集中していることのほうが多いと思います。

聞き手は信じない（NOT Believe）

たとえ、話を聞いてくれたとしても、あなたの話を信じようとはしません。聞き手は「本当か？」「よいことだけ言って悪いことは隠しているんだろう」と疑ってかかります。

どんなに誠実に、包み隠さず事実を伝えても、信用してくれない人は多いです。話し手はまずこの現実を理解した上で「証拠」を提示しながら信じるように仕向ける必要があります。

聞き手は行動しない（ＮＯＴ　Ａｃｔ）

たとえ、聞き手があなたの話を聞いて、十分な証拠を提示されて話の内容を信じたとしても、その後、行動を起こしてくれるとは限りません。行動とは顧客が商品を購入してくれたり、提案する内容を実行してくれたりすることです。

話を聞き終わった後、聞き手は話し手が提案するオファー（商品の購入や何らかのアクション）について、どう対応するかを検討します。

そしてこう思います。「取り敢えず、後日決めよう」と。そうして一旦家に帰ると、熱も冷め、普段の生活に戻り、聞いた話の内容を忘れていってしまいます。話し手が一生懸命オファーした内容は実行されずに終わってしまいます。

聞き手があなたの話を聞いた当日、今すぐに行動を起こしたくなるような仕掛けを用意しておく必要があるのです。

スピーチやプレゼンの目的は聞き手の「行動変容」を起こすこと。どれだけよい話をしたとしても、行動してもらわなければ意味がありません。そのためには、この3つのNOTを1つずつクリアしていかなければならないのです。次ページからはこの3つのNOTをクリアして、聞き手に行動したいと思わせる手法をご紹介します。

One Point　スピーチにおける3つのNOT

聞き手は、
NOT Listen（聞かない）
NOT Believe（信じない）
NOT Act（行動しない）
話し手はこれら3つの壁を1つずつクリアしなければならない。

②4つの学習タイプに訴求するスピーチ

4つの学習タイプ

人が何か新しいことを学ぼうとするとき、次の4タイプに分かれるとされています。皆さんはどのタイプに当てはまりますか？

WHY　なぜタイプ

理由がわからないと行動しないのがこのタイプです。なぜそれを学ばなければならないのか。どんなメリットがあるのが、反対にやらないとどんなデメリットあるのかがわかって初めて行動します。

WHAT　なにタイプ

このタイプは証拠、データ、実績を知りたがります。商品を買うことで過去どれだけの人が成功したのか、証拠や数値データ、根拠があるのかを知ってからでないと動きません。

HOW　どうやってタイプ

行動を起こす理由は既に自分で理解しています。学習方法の理論や実績よりも、どうやったら上手くいくのか、具体的なステップを知りたいのがこのタイプです。

CRISIS　今すぐタイプ

早く学びたいという思いが強く、今すぐできることを知りたがります。現段階で行き詰まっていたり、既に何らかの方法で過去に失敗したりした経験がある人もこれに含まれます。

この4タイプ。見ためではわかりませんし、同じ人でも学習する分野によってタイプが変わります。

話し手として大事なのはこの4つのタイプの存在を理解した上で、すべてのタイプの心を動かすような内容を準備しておくということです。

この理論、そのままの順番でフレームワークとして使えます。例えばあなたが英語教材を販売している場合、次のようにこの4つの学習タイプすべての動機をくすぐるような売り込み方をすればよいのです。

ＷＨＹ　なぜタイプに向けて

皆さんは英語を話したいと思ったことはありませんか？　英語が話せれば、気兼ねなく海外旅行に行くことができます。字幕なしで映画が見られるし洋書も原文でスラスラ読むことができます。英語でカッコよくプレゼンすることも可能です。反対に、英語が話せないといつまで経っても英語の会議でわかったフリをし続けなければなりません。道に迷った外国人に声を掛けてあげることもできません。

Ｗｈａｔ　なにタイプに向けて

英語が話せれば10億人とコミュニケーションが取れます。新しい世界が広がるのです。今回当社が満を持して発売する最新英語教材「ＡＩ英会話」は当社独自のメソッドを使った全く新しい英語学習教材です。「ＡＩ英会話」の受講者の満足度は98％です。

Ｈｏｗ　どうやってタイプに向けて

「ＡＩ英会話」学習ステップは以下の通りです。

ステップ１　当社が開発したバイリンガルＡＩ教師と普通に英会話をします。ＡＩですがとても流暢な英語を話します。バイリンガルなので日本語混じりでもＯＫです。

ステップ２　あなたの英語の癖や発音の間違いをＡＩ教師がチェック。今のあなたに必要な英単語、フレーズをあなたに提示します。

ステップ3　次の回ではＡＩ教師があなたに前回提示した英単語やフレーズを使えるような質問をしてきます。あなたはそれに答えるだけ。

ＡＩ教師はあなたと交わしたすべての会話を覚えていますので、毎回無駄な自己紹介や同じような趣味の話をする必要はありません。代わりにあなたさえよければプライベートな会話にも付き合ってくれます。

CRISIS　今すぐタイプに向けて

無駄な時間を徹底的に排除し、今の自分に必要なだけの英語の知識を学習することができ最短、最速で理想の英語を手にいれることができるのです。

今なら無料お試しキャンペーン実施中。

ＡＩ教師との会話を2時間無料でプレゼント。更に先着10名様には20％割引クーポンもお付けします。是非、今すぐお申し込みください！

如何でしょうか？　4つの学習タイプの悩みを順番に解決するように文章を組み立てるだけで、取りこぼしなく大勢の人の心を掴むことができるのです。このフレームワーク、皆さんも大いに活用してください。でも本当にこんな英語教材あったら欲しいですよね！

One Point　4つの学習タイプに訴求するスピーチ

・なぜ、なに、どうやって、今すぐの4つの学習タイプを理解する。
・この順番に沿ってスピーチをすれば大勢の行動を促すことができる。

③　聞き手にフックを掛けるテンプレート

聞く体勢になる

話を聞く体勢にない聞き手（NOT　Listenの状態）を惹きつけるためのテンプレートをご紹介します！

これに当てはめてスピーチを構成すれば、高い確率で聞き手を「聞く体勢」にすることができます。

ステップ1／指示出し

スピーチやプレゼンを始める際、必ずやらなければならないことがあります。

それが聞き手への「指示出し」です。読んで字の如く聞き手に指示を出すのです。まずはこの一言から始めます。

「皆さん、一日前をご覧ください」

この際、注意しなければならないのが、全員が前を向くまで待つということです。これは必ず守ってください。

・全員が前を向くまでじっと待つ

よく、聞き手がよそ見をしていたりお喋りしたりしているにもかかわらず、スピーチを始める人を見かけます。

「自分に注目されたくない」「前を向かれると余計に緊張するからむしろざわついていたほうが話しやすい」という心理は理解できますが、これが悲劇の始まりです。

聞き手が集中していないまま話し始めると、聞き手は「あっこの人の話は聞かなくていいんだな」とか「自分を無視して話し始めた」と勘違いします。そうすると聞き手は話し手を信頼するどころか、話の内容のあらさがしを始めます。間違っているところを指摘してやろうとか、わざと難しい質問をしてやろうと思う聞き手も現れます。

つまり聞き手が話し手を見下し「マウントポジション」を取ってくるのです。更に、話し手がその難しい質問に答えられずおどおどしていると、周りの聞き手も「本当にこの人の話は聞くに値するのだろうか？」「時間のムダでは？」と思い始めます。

こうなるともう収集がつきません。誰も聞いていない、自分だけの一人旅スピーチをするしかありません。

・ボスザルの効果を効かせる

聞き手に指示出しを行い、その指示に全員が従うまで待つことにより、「ボスザルの効果」を発動することができます。

猿山の群れに一頭だけ頂上でじっと群れを見つめるひときわ強そうな猿がいますよね。それが「ボスザル」です。ボスザルは常にてっぺんに居座りそこを動こうとしません。決して他の猿にその席を譲ることはありません。

話し手は「ボスザル」の意識でスピーチやプレゼンに臨む必要があります。勘違いしないで頂きたいのが別に「偉そうにしろ」と言っているのではありません。ただ、聞き手に対して必要以上にへりくだったり、遠慮したりする必要はないということです。

あなたが前に立っているということは、少なくとも今はあなたが話す番。他の人は聞く番です。へりくだって「すみません。こんな高いところから失礼します」とか「本当は前に立って話すような人間ではないのですが・・・」など、自ら猿山を降りるようなことはしてはいけません。そうすると先ほど述べたような悲劇が始まります。

ボスザルの効果を発動させる最も簡単な手段が聞き手に「指示を出して」「前を向いてもらう」ということです。全員が前を向くまで5秒でも10秒でも待ってください。沈黙している間は本当に長く感じますが、ここはグッとこらえてください。

聞き手がお喋りをやめて、前を向いた時点で「あなたの指示に従った」という事実が成立します。ボスザルの効果を維持し、さらに強めるために必要な手段が聞き手からこのような「小さなＹｅｓ」を取り続けるということです。

ステップ２／質問

聞き手が前を向いたら次にやることが聞き手への「質問」です。

質問技法で述べたようにほとんどの人が「Ｙｅｓ」と答えられるような質問をしてください。この際、話し手自身も手を挙げることで、聞き手の挙手を促しましょう。期待される効果は主に次の２つです。

①ボスザル効果の継続

一旦前を向いてもらった時点では、聞き手はまだあなたの指示を１００％聞く訳ではありません。とりあえず「前を向いただけ」です。そこで誰でも「Ｙｅｓ」と答えられる簡単な質問をして聞き手に手を挙げさせるのです。

こうすることで、少しずつ、でも確実に、あなたが指示を出す人、聞き手はあなたの指示を聞く人という関係性が生まれていきます。

②緊張をほぐすことができる

人前で話すときの緊張の正体の１つ、それは「聞き手の反応が気になる」ということでしたね。特に話し始めは緊張します。問いかけをして、聞き手との双方向性を取ることで、緊張が少しずつ和らいできます。

そのためにも聞き手が答えにくい質問ではなく、シンプルに「Ｙｅｓ」と答えられる質問を準備するのです。質問についてはあらかじめ案を考えておくことが重要です。

ステップ３／問いかけ＆共感

「それではみなさん一旦前をご覧ください」

（全員前を向くまで待つ）

「突然ですが、皆さんに質問です。この中で人前で話すと緊張する、という方どれくらいいらっしゃいますでしょうか？」

（自分も手を挙げて挙手を促す）

「ちなみにどんなときに緊張しますか？」と言いながら、目の合った人に実際にマイクを向けて問いかけます。

仮に「大勢の人前で話すときには緊張します」と答えてくれた場合、話し手は必ずそこで共感を示し、答えてくれた人に対して感謝の気持ちを伝えてください。

「確かに。私も大勢の前で話すのは緊張します。答えていただき有難うございます」というような感じです。

指示出し（前を向いてもらう）⬇指示を聞く（前を向く）まで待つ⬇質問⬇問いかけ&共感のステップを踏むことで、聞き手の心をつかむことができます！

以下のスピーチ（改善前と改善後）を比べてみてください。どちらのほうが続きを聞きたいと思いますか？

新人研修の冒頭あいさつ（改善前）

おはようございます（まだ全員が前を向いていないのに話し始める）。

皆さんは技術者なのであまりコミュニケーションには興味がないかもしれません。ましてや挨拶の重要性なんてわからないと思います。

でも、挨拶は重要です。気持ちよく挨拶できる人は仕事も効率的に進められるというデータも出ているんです。上司の評価も上がり、部下からも信頼されます。

だから今日の研修では気持ちよく挨拶をすることから始めましょう。

それではみなさん私の後に続いてください。

「おはようございます」

参加者全員「シ～ン・・・」

新人研修の冒頭あいさつ（改善後）

皆さん一旦前をご覧ください（全員が前を向くまで待つ）。

おはようございます。

突然ですが皆さんに質問です。この中で少しでもお給料が増えたら嬉しいなと思う人は手を挙げてください？（自分も手を挙げて挙手を促す）

嬉しいですよね。例えば、1か月のお給料が千円増えたらどうしますか？

そこの方？↓（実際に答えてもらう）↓いいですね！　私も○○するのが好きです。

他には？　ではそこの方？↓　確かにそうですね！　私もそう思います。答えていただきありがとうございます（問いかけ&共感を何度か繰り返す）。

もちろん一生懸命働いて実力を磨いて成果を上げていくことで、給料は上がります。ただ、それをやり続けるのってなかなか簡単ではないですよね。

もし、自分の実力とは関係なく給料が増える方法があるなら知りたくないですか？

（全員「ウンウン」とうなずくのを確認する）

知りたいですよね（間を取って自分に注目を集める）。

それが、朝一の挨拶なんです。それでは皆さん元気よく挨拶しましょう。

「おはようございます！」

参加者全員「おはようございます！」

〔図表 15　聞き手にフックをかけるテンプレート〕

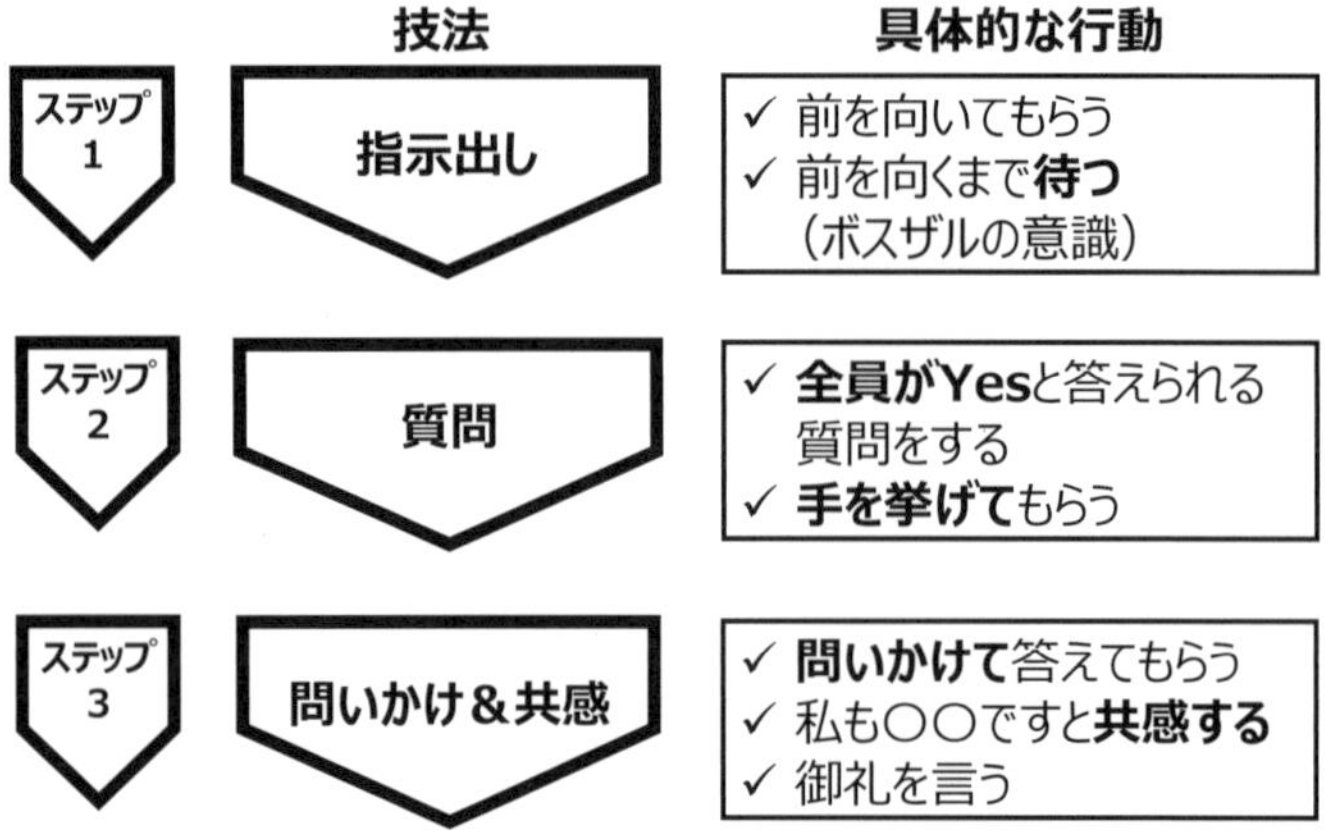

技法
具体的な行動
ステップ 1
指示出し
✓ 前を向いてもらう
✓ 前を向くまで待つ
（ボスザルの意識）
ステップ 2
質問
✓ 全員がYesと答えられる質問をする
✓ 手を挙げてもらう
ステップ 3
問いかけ＆共感
✓ 問いかけて答えてもらう
✓ 私も〇〇ですと共感する
✓ 御礼を言う

まとめ

改善後は参加者が少しずつ話し手に惹き込まれていく様子がわかると思います。なぜなら話し手が一方的に自分の理論をまくし立てるのではなく、小さなＹｅｓをとりながら、聞き手の興味をそそる質問をして、実際に答えてもらい、共感しながら進めているからです。

「指示出し→質問→問いかけ&共感」のステップを丁寧に踏むことで、聞き手に「聞きたい」と思わせることが可能です。

冒頭で失敗すると、その後の内容がどんなに素晴らしくても、一度手放した聞き手の注意を惹きつけるのは困難です。逆に「挨拶をする」といったような、ありきたりな内容だったとしても、このテンプレートに沿って話すことで、聞き手は「この話は聞いておいたほうがよさそうだな」と思い、いつの間にかあなたの話に惹き込まれていくのです。

④　ＨＡＲＭの法則を使って質問の質を上げる

聞き手を惹きつける確率を上げる

聞き手にフックをかけるテンプレートに乗せる際に工夫したいのが「質問の内容」です。いくらテンプレートに乗せても、誰も知りたくないような興味をそそらない質問では、聞き手を惹きつけることはできません。「質問の質」を上げることで聞き手を惹きつける確率を上げることができるのです。

人の悩みを質問にする

聞き手に「興味がある」というのは言い換えれば「今、自分は知らないから教えて欲しい」という状態です。知らない状態でいるのは居心地が悪いですよね。でも自分ではどうしてよいかわからない。これが「悩んでいる」状態です。

この「悩み」を提起するような質問をすればよいのです。

ＨＡＲＭの法則

人の悩みはＨＡＲＭの４つの頭文字から始まる事象に大別されます。今も昔も変わらないとされている人の悩み。Ｈｅａｌｔｈ（健康・美容）Ａｍｂｉｔｉｏｎ（夢・将来）Ｒｅｌａｔｉｏｎ（人間関係）Ｍｏｎｅｙ（お金）です。

ＨＡＲＭという英単語そのものも「害」とか「不都合」という意味なので覚えやすいですね。

Health（健康の悩み）

例えば、仕事のストレスで心身に不調が出たり、家事や育児で体力を消耗したり、肌荒れが気になったり。生まれてから死ぬまで健康の悩みは尽きません。参加者が経験したことがあるような、健康に関する悩みを質問にすればＯＫです。

例えば、参加者が40代男性だとしたらこんな質問です。

「皆さん、最近体の衰えを感じませんか？　昔はそんなことなかったのに、最近は階段を昇るとツライ。息がすぐにあがってしまう、という方どれくらい、いらっしゃいますでしょうか？」

恐らく多数の聞き手が手を挙げると思います。

この後に「でもなかなか時間が取れない、という理由で定期的な運動ができていないという方はいますか？」という質問をします。そこで

「そんな皆さんに朗報です。毎日布団の上で5分で簡単にできて、持久力も筋力もつく。そんなストレッチの方法があったら知りたくないですか？」

と聞くと、多くの参加者の「聞きたい」という欲求を駆り立てることができるのです。

Ambition（夢・将来）

Ａｍｂｉｔｉｏｎという英語は日本語では「野心」と訳されますが、ＨＡＲＭの法則では夢とか将来の悩みのことを指します。学生であれば進学や就職先、社会人であれば出世や結婚、お子さんがいれば子どもの将来なんかも、Ａｍｂｉｔｉｏｎに分類されます。

必ず参加者の年齢や性別、職業に応じた質問内容を練ってください。10代の学生に対して、キャリアアップに関する悩みをテーマに質問しても、ピンくるはずがありませんよね。

Relation（人間関係）

人の悩みのほとんどは「人間関係」が原因と言われるほど、人は人で悩んでいます。友人関係、会社の同僚、異性、恋人、パートナー、家族との関係など。人間関係に悩みを持たない人は居ません。

例えば、参加者が30代のビジネスパーソンだったら「最近、部下と上司の間に挟まれて人間関係に悩むことはありませんか？」と問いかければ、聞き手は「あっ！　自分のことだ」と思い、話に惹き込まれます。

Money（お金）

お金に困っていない人はほんの一握りです。命は時間。時は金なり。つまり、命と同じくらい大事なものがお金なのです。

シンプルに「お金持ちになりたい人?」と言って挙手を求めれば、参加者の手が挙がります。節約術や仕事の効率的な進め方など。ほとんどどんなトピックでもお金に絡めることが可能です。皆お金が必要です。命と同じ価値ですから。

あなたが提案する節約術や仕事の効率化などを、お金に換算すればいくらの価値になるのか?という質問をしてスピーチを進めれば、聞き手の興味を長い間、惹くことが可能です。

あなたの話の内容が、聞き手に役に立つことで、絶対聞いて欲しいと思うのであればなおさら、冒頭の質問を工夫しましょう。

HARMの法則に基づいて聞き手の悩みを喚起すれば、聞き手は「自分事として」あなたの話を前のめりになって聞いてくれるでしょう。

One Point HARMの法則を使って質問の質を上げる

人の悩みを表すHARMの法則に絡めた質問をして、聞き手の心をつかむ。

Health(健康の悩み)
Abmition(夢・将来)
Relation(人間関係)
Money(お金)

⑤　ワンスピーチワンメッセージ

少ないほうが豊かである

英語には、Ｌｅｓｓ ｉｓ Ｍｏｒｅという言い回しがあります。直訳すると「少ないほうが多い」。日本語では「少ないほうが豊かである」と訳されています。ドイツ出身の建築家が述べた言葉で、シンプルなデザインを追求することで豊かな空間が生まれるという信念を表しています。

この考え方はスピーチにも共通します。

情報過多だと脳が疲れる

人前に立つのだから沢山の情報を伝えなければいけないと意気込み、あれやこれやと詰め込んでしまう気持ちはよくわかります。ただこれは逆効果です。

人間は短時間に大量の情報を浴びせられると、脳が拒否反応を起こし、自分の意志とは関係なく情報をシャットダウンしてしまいます。それに抗い無理矢理理解しようとすると、高校の数学の授業のように、終わった後はヘトヘトになってしまいます。集中できず、話についていけない人は開始5分で夢の中に落ちていきます。

授業は聞いておかないと単位が取れないとか、あとで勉強しなくてはいけないなど支障が出ますが、人のスピーチは聞かなくても支障はありません。あなたが業界の超有名人だったり、聞き手がもう既にあなたのファンであったりしない限り、誰もあなたに興味はないという前提でスピーチを構成する必要があります。

ワンスピーチワンメッセージ

話す時間が30分や1時間と増えてくると、必然的に話す内容は増えてきます。話の内容が複数になるのは問題ありませんし、そうしないと聞き手は飽きてしまいます。但し、それらの内容をすべて貫く、たった1つのメッセージを設定してください。

例えば本書。色んな話し方の技術をお伝えしていますが、全体を貫くたった1つのメッセージがあります。それは「話し方は才能ではなく、再現性のある技術によって上手くなる」というメッセージです。このメッセージから逸れないようにすべての内容を構成しています。

結局何が言いたいのか？　を自分に問いかける

スピーチやプレゼンを構成していると、あれやこれやと詰め込んで内容がごちゃついてしまうことがよくあります。そんなときは自分自身に「結局自分は何が言いたいのか？」ということを問いかけてください。

自分が聞き手に伝えたいこと、参加者にこれだけは覚えて帰ってもらいたいというメッセージを

30字程度にまとめて書き出します。

つくった文章が長すぎると既に伝えたいことが複数あり、聞き手を混乱させてしまいかねませんので、メッセージを絞り込みましょう。

結局何が言いたいのか？　その一文に込められたメッセージがあなたのスピーチやプレゼンの「核」となるのです。

メッセージは先に伝えるほうがよい

スピーチの途中までメッセージを隠しながら進める方法もありますが、それまでずっと聞き手を惹きつけておかなければいけません。よほど自信がない限り、メッセージはできる限り早めに伝えましょう。

こんな感じです。

「今から30分色々話しますが、皆さんにこれだけは覚えて帰ってもらいたいことがあります。それは・・・ということです」と言ってしまってOKです。

初めのほうに伝えると自分も楽になれますし、聞き手も頭の中で「今からこういうことを話してくれるんだな」と準備ができ、聞きながら話し手のメッセージを探すという労力をかけなくていいので、リラックスして聞くことができます。常に自分が話したい順番ではなく、聞き手が聞きたい順番で話すことを心がけましょう。

One Point　ワンスピーチワンメッセージ

・結局自分は何が言いたいのか、30字程度にまとめて書き出す。
・よほど話し方に自信がないかぎり、メッセージは早めに伝えておくべき。そうすることで話し手も聞き手もリラックスして進行することができる。

⑥ 自己紹介の重要性

第一印象を左右する自己紹介

皆さん、自己紹介は得意でしょうか？　恐らくほとんどの人が苦手意識をお持ちなのではないでしょうか。自己紹介はとても重要です。人は第一印象で感じたイメージで相手の評価を決めてしまいます。その後、どんなに相手のことを深く知ったとしても、第一印象の記憶が優先され、簡単にイメージが変わることはありません。第一印象が悪ければ、その後の仕事や会話もスムーズに進まなくなってしまいます。それほど第一印象は重要であり、それを左右する自己紹介は同じくらい重要です。

人生で最も話す頻度が高いスピーチテーマ

どこに行っても、誰と会っても自己紹介をします。

新しい職場に異動したとき、就職・転職時の面接時、セミナーをする際の冒頭で、また昇進・昇格試験のプレゼン時等々、人生の重要な場面でも必要とされる自己紹介。人生において、最も話す頻度が高いスピーチテーマなのです。

プレゼンやスピーチは入念に準備し練習するにもかかわらず、自己紹介を準備したり、ましてや練習したりしているという人は意外と少ないのではないのでしょうか。

陥りがちな自己紹介の失敗

自己紹介の代表的な目的は、名前を覚えてもらう。得意分野やこれまでの実績を知ってもらう自己PR。共感・親近感を得て話しかけてもらう。意気込みを伝える等。

自己紹介にはきちんとした目的があるにもかかわらず、多くの人が陥りやすい失敗パターンがあります。

皆さんの自己紹介もこのような内容になっていないかチェックしてみてください。

失敗パターン①　仕事の話ばかり

自分ではなくて会社の紹介。入社から転職、現在までの職歴を時系列に並べただけ。

一番やってはいけない自己紹介の方法です。あなたのことがほとんど何も伝わらず、全く印象に残りません。これはただのあなたの会社や仕事の紹介です。

失敗パターン② 自慢話・強みの話ばかり

学歴自慢、携わってきたプロジェクトや経歴、保有資格や知識の自慢。この場合、凄いと思われるかも知れませんが、反発・反感を持たれます。共感を得られず、仲良くなりたいとは思われません。

失敗パターン③ 弱みの話ばかり

自分の苦手分野。必要以上に自分を卑下する。得意分野の話は一切なし。

この場合、親近感・共感を得られるかも知れませんが、自分の凄さが全く伝わらず折角の「自己PRの場」を無駄にしてしまっています。

自己紹介をさせていただくというのは自分に与えられたチャンスです。ありきたりな自己紹介をしてその場をやり過ごすのか。印象に残る自己紹介をして、チャンスをものにするか。それを生かすも殺すも自分次第です。自己紹介は事前に準備し、いつでもどこでもできるように練習しておく必要があるのです。ここでも次ページから紹介する「テンプレート」が役に立ちます。

One Point 自己紹介の重要性

・自己紹介次第で自分の第一印象が変わる。第一印象でつまずくと、相手の印象をくつがえすのに無駄な労力がかかる。
・仕事の話や自慢話、弱みの話ばかりだとつまらない。人を惹きつけられない。

⑦ 神話の法則に基づく自己紹介テンプレート

自分の強みを伝え共感を得るには

自己紹介の重要性は理解したけど、どうすれば自分の強みを伝えつつ共感も得られるような自己紹介ができるの？　という声が聞こえてきそうですが、ご安心ください。自己紹介のテンプレートをご紹介します！

感動を呼ぶストーリー

神話の法則、またはヒーローズ・ジャーニーという言葉を聞いたことがあるでしょうか？　ハリウッド映画や日本のアニメにも大きな影響を及ぼしたと言われるこの理論、人が感動する物語の展開には共通点があるという「ストーリーテリング」の型を表しています。

神話の法則に沿ったバックトゥザフューチャーの紹介

神話の法則が当てはまる作品は沢山ありますが、ここでは私の大好きな映画「バックトゥザフューチャー」に沿ってご紹介します。

①不遇・欠点・未熟な主人公

主人公は平凡な高校生マーティ。冴えない家庭で暮らし、夢見るバンドも上手くいかない高校生活。
②旅立ち・使者との出会い
ちょっといかれたサイエンティスト「ドク」のタイムマシン（デロリアン）の実験を手伝う。
③大義・貢献・敵討ち
ドクが燃料のプルトニウムを得るために騙したテロリストが現れ、ドクが機関銃で撃たれる。
④挑戦・自己犠牲
マーティは過去にタイムスリップ。撃たれたドクを救うための計画を練る。
⑤宿敵・困難な障害
過去の世界には燃料がない。邪魔ばかりしてくるライバルのビフ。
⑥絶対絶滅・どん底
過去の母親に好意を持たれてしまい、下手をすると自分が生まれないことになってしまう。
⑦友情・協力者
過去のドクと協力し落雷のエネルギーを使い未来に戻ることを計画する。
⑧成長・学習
様々な困難がありながらも未来への帰還に成功。
⑨達成・成就
戻った世界では未来が変わっていて、すっかり裕福な家庭に。父親とビフの関係も逆転。

⑩帰還・新たな旅立ち
マーティはめでたくガールフレンドと再会、だがそこには新たな冒険が待ち受けている・・・
＊神話の法則は12ステップですが、ここでは簡潔に10ステップにまとめています。

人が感動する展開はいつも同じ

神話の法則が当てはまる作品は他にも、沢山あります。例えば、ロード・オブ・ザ・リング、天空の城ラピュタ、ドラゴンボール、ワンピース、君の名は、シンデレラ、等々。枚挙に暇がありません。それぞれ、登場人物や物語の時代背景は全然違いますが、神話の法則がピタッと当てはまります。それなのに我々は「全く違う物語」として受け止め、毎回同じように感動してしまいます。人間って案外単純ですね。

この誰もが感動する神話の法則の型を自己紹介で使えば、嫌みなく自分の実績をアピールすることができると同時に、聞き手の好感度を上げることができるのです。

神話の法則に基づく自己紹介テンプレート

この神話の法則を自己紹介用に簡易にアレンジしたのが、次の４つのステップで構成されたテンプレートです（図表16参照）。

ステップ①　努力に見合わない処遇

主人公はみんな、不遇な環境で育ちます。これを自己紹介に当てはめると、努力しても報われない日々、希望していなかった職務や仕事、受験や就職活動に失敗した経験などが当てはまります。

ステップ②　悪役登場・人生どん底の経験

物語には悪者が登場します。自分の人生において、学生時代いじめられた経験、自分を馬鹿にしてくる同僚や理不尽な先輩や客先、自分勝手な上司の存在などが当てはまります。

また自分が大きなミスを犯してしまい、会社に大きな損失を発生させてしまった、お客様に大目玉をくらった、大勢の前で大恥をかいた、資格試験に何度も落ちて挫折しかけた等、人生どん底の経験を話してください。

プライベートでは彼女にフラれた、離婚した、大怪我をしたことなどを話してもＯＫです。

ステップ③　達成した成果、実績

主人公を助ける協力者が現れます。自己紹介においても、友人やよきライバルの存在、家族の支えがあり、ここまでやって来られたことを話します。また失敗から学んだ経験を活かし、挫けず努力したおかげでプロジェクトを成功させたことや、猛勉強して資格をとり転職できたことなどを話します。何も遠慮する必要はありません。ここで自分の実績をアピールしてください。

ステップ④　現在のポジション・新たな挑戦

数ある困難にもくじけず、乗り切った主人公たちは、もと居た街に帰ってきたり、新たな旅に出かけて行ったりして、物語が終わります。自己紹介においては、成功させたプロジェクトや努力して取った資格等、今まで残した実績のおかげで、今の自分があることを説明します。そして更なる成長を目指すべく、現在新たに挑戦していることを話してください。

私の自己紹介

それでは実際にこのステップに沿って私の自己紹介をしてみます。私が研修講師をする際に実際に使っている自己紹介（一部抜粋）です。

こんにちは神宮つかさです。

ステップ①　努力に見合わない処遇

海外に携わる仕事がしたい、海外で働きたいという思いをもって入社した会社で初めに配属されたのは、国内の営業でした。華々しく海外出張デビューする同期を尻目に「どうして自分が国内営業なんだ」と腐りかけた時期がありました。いつか海外で働きたいという夢を抱きつつ、気づけば7年もの間日本で働き続けていました。

ステップ②　悪役登場・人生どん底の経験

30歳にしてようやく掴んだ海外駐在のチャンス。夢と希望を胸にイギリスの地に降り立ちましたが、そこで待ち受けていたのはコミュニケーション地獄でした。言うことを聞かない部下、ロジカルに話せない自分のことを馬鹿にしてくるドイツ人社長。日本本社からのサポートも得られない状況。しかもプライベートで出かけたマウンテンバイクで顔を大怪我。前歯が2本折れ、顔を20針以上縫う大怪我をしました。憧れの駐在生活はどん底からのスタートでした。

ステップ③　達成した成果、実績

しかしここで挫けてはいけないと思い一念発起。部下とのコミュニケーションを諦めず、理解してもらえるまでひざ詰めで話し合いました。独学でロジカルシンキングを猛勉強。徹夜で勉強して中小企業診断士試験にも合格。少しずつロジカルに話すことができるようになり、ドイツ人社長からも認められるようになりました。

ステップ④　現在のポジション・新たな挑戦

現地で新しいビジネス立ち上げにも貢献する等、様々な実績を残し4年半の駐在を終え日本に帰国。その実績が認められ、最短でグループマネージャーに昇進。更に、自分が経験の中で身に付けたコミュニケーション術を少しでも多くの人に伝えたいと思い、ストアカで講師登録。約半年でプラチナメダルを獲得。今では1000人のコミュニケーションの悩みを解決することを目標に日々活動しています。

本日はどうぞよろしくお願い致します。

如何でしょうか？　アピールしたいのは最後の部分ですが、ここだけを言うと聞き手は「なんだ。自慢話ばかりじゃないか」と感じます。また、よいことしか言っていないので、話半分に聞かれてしまい実績の凄さも伝わりません。

この神話の法則テンプレートに基づいて自己紹介をすれば、失敗談を交えて話すことで共感を得

〔図表16　神話の法則に基づく自己紹介テンプレート〕

	神話の法則	自己紹介にあてはめると…
ステップ1	不遇な環境で育つ主人公	努力に見合わない処遇
ステップ2	宿敵出現 絶体絶命のピンチ	悪役登場 人生どん底の経験
ステップ3	友情・大義・敵討ち・成長・学習	達成した成果、実績 更なる成長への挑戦
ステップ4	帰還 新たな旅立ち	現在のポジション 新たな挑戦

られると共に、自分の凄さを嫌みなくアピールすることができるのです。

「こんな山あり谷ありの人生を送っていない」という方。本当にそうでしょうか？　海外で大怪我をした経験はないかも知れませんが、今まで苦労した経験や、精一杯頑張って成功したこと、必ずあると思います。

自分では苦労と感じていないことや、成功体験と思わないことが、周りからは凄いと思われることもよくあります。まずは自分の人生経験の中で、辛かったことや努力したことを書き出してみてください。少しくらい大げさに表現しても問題ありません。それらの経験を神話の法則に基づく自己紹介テンプレートに乗せて話せば、オリジナルの自己紹介が完成します！

人生の大事な場面で必ず求められる自己紹介。一度つくってしまえば、あとは追加していくだけでずっと使うことができます。コミュニケーション能力を磨きたいなら、まずは自己紹介をつくって、いつでもどこでも話せるように、練習することをおススメします！

⑧ 10秒自己紹介テンプレート

面白くて簡単な自己紹介の準備

合コンや研修時のグループトーク等、初めて会った人たちと簡単に自己紹介をすることもよくありますよね。こんなときに「この人面白い」「後で話しかけてみたい」と思われるような自己紹介ができれば、人気者になれると思いませんか？　名前と職業、会社の紹介だけではつまらないですよね。スタートから出遅れてしまいます。

ここでは、準備さえしておけば、いつでもどこでも使える、面白くて簡単な10秒自己紹介のテンプレートをご紹介します！

誰々と同い年の○○（自分の名前）＋誰々に関連する小ネタ

まずは自分と同い年の有名人を検索してください。厳密に同い年でなくても構いません（1個上の○○と言えばＯＫ）。ネタがありそうな有名人や、自分とはかけ離れた生活をしている人を探してください。

次にその有名人と自分を関連づけた小ネタを話します。自分との違いを比較をすれば更に面白くなり、共感を得ることもできます。

例えばこんな感じです。


ジャニーズのタッキーこと滝沢秀明さんと同い年の神宮つかさです。

昔は野球部かジャニーズどちらに入ろうか迷っていました。

もし自分がジャニーズに入っていたら「タッキー&つかさ」になっていたかも知れません。

(ウケなければ「ここ笑うとこですよ〜」のフォローフレーズを入れる)

本日はどうぞよろしくお願い致します！


吉本のお笑い芸人オードリーの春日さんと同い年の○○です。

「私の隣空いてますよ」

本日はどうぞよろしくお願い致します！

モデルのローラさんと同い年の○○です。
「今日は私に何でも質問してOKです」(OKポーズを取りながら)
本日はどうぞよろしくお願い致します！

こんな感じです。とても簡単につくれて面白いですよね。

次に、他にも有名人と彼らのネタをいくつか挙げました。10秒自己紹介をつくるときの参考にしてください。もしピッタリ該当する年齢の方がいれば是非、次回の自己紹介で使ってみてください！

【図表17　有名人とネタ】

上島竜兵さん（お笑い芸人）１９６1年生まれ
「今日は水が近くにあっても絶対押さないでください。あっフリじゃないですよ！」

石塚英彦さん（タレント・お笑い芸人）１９６2年生まれ
「好きな飲み物はカレーです。今日はよろしくお願いします！」

織田裕二さん（俳優・歌手）１９６7年生まれ
「うちの会社ではいつも事件は会議室で起こっています。今日は平和にいきましょう」

堺雅人さん（俳優）１９７3年生まれ
「彼の得意技は倍返し。うちの会社はちゃぶ台返しばかりです」

トシさん（お笑い芸人）１９７６年生まれ
「今日は○○できるまで帰れまテン。皆さん一緒に頑張りましょう！」
鈴木亜美さん（歌手）１９８２年生まれ
「合言葉はいつも一緒に『ビートゥギャーザー』よろしくお願いします！」
イモトアヤコさん（タレント）１９８６年生まれ
「何かお困り事があれば是非、私にお申しつけください。世界の果てまで行ってきます！」
大迫勇也さん（サッカー選手）１９９０年生まれ
「今日の宴会は『半端ないっ』て言われるくらい盛り上げます！　よろしくお願いします！」
菅田将暉さん（俳優・歌手）１９９３年生まれ
「間違い探しの間違いの方です。今日はよろしくお願いします！」
サニブラウン・アブデル・ハキームさん（陸上選手）１９９９年生まれ
「僕は走るのはめっちゃ遅いですが、食べるのだけはめっちゃ早いです！」

如何でしょうか？　もし同い年の有名人が見つからなければ、同じ出身地や出身高校など、何かしら自分と共通点のある有名人を探せばＯＫです。たった10秒で自分の年齢や趣味を面白く伝えることができます。まずは自分と同い年の有名人をインターネットで調べてみてください。

One Point 10秒自己紹介テンプレート

・誰々と同い年の○○（自分の名前）＋誰々に関連する小ネタ。
・同い年でなくても、何かしらの共通点があればＯＫ。

⑨ 共感を得るあるあるネタ自己紹介テンプレート

あるあるネタのおすすめ

自己紹介で共感を得る方法としてもう1つおススメなのがあるあるネタ自己紹介です。
自虐ネタエピソードでも説明した通り、ユーモアの中でも比較的取り組みやすいネタです。

平和な笑い「あるあるネタ」

昔、お笑いコンビのレギュラーさんが「あるある探検隊」というリズムネタで一世を風靡しました。皆が思わずうなずいてしまう「あっそれよくある！」ということをリズムに合わせて言うと笑いが起こりました。この「あるあるネタ」を主なネタとするお笑い芸人は他にも沢山居ます。例えば、レイザーラモンＲＧさんの「あるあるソング」、テツａｎｄトモさんの「なんでだろう」、ヒロシさんの「ヒロシです」、３時のヒロインさんの「海外ドラマあるある」など。

皆が共感するネタはシンプル、且つ、誰も傷つけないとても平和な笑いです。

あるある失敗ネタ　＋　自分の名前と性格

あるあるネタを自己紹介に組み込むことで、自分の性格をわかってもらうと同時に、周りの人の心を掴むことができます。自分のよくやってしまう癖、ちょっとイラッとしたことや軽い失敗談、ちょっと恥ずかしいこと＋自分の名前と性格を言えば、立派な自己紹介になります。例えば、こんな感じです。

「ノートは初めだけ丁寧に書きます」神宮つかさです。あまり細かいことは気にならない性格ですが今日はどうぞよろしくお願いします。

「ＺＯＯＭ会議をしているとき、机の下はいつも半ズボンを履いています」面倒くさがりな性格ですが、以下同文。

「寝ながらよくスマホを顔の上に落とします」ドジな性格ですが・・・

「コンビニのおにぎり選びで10分以上迷います」とても優柔不断な性格ですが・・・

自分がよくやる失敗や行動なので、結構簡単につくれるのではないかと思います。

しかもそれは同じ性格の人なら「あ〜わかる！」と共感してくれることなので、一気に距離が縮まります。是非、自分の自己紹介に取り入れてみてください。

One Point 共感を得るあるあるネタ自己紹介テンプレート
・あるある失敗ネタ　＋　自分の名前と性格。
・自分の癖、よくやってしまう失敗を絡めて、自分の性格を伝えるだけで印象に残る自己紹介が完成。

⑩ エトス・パトス・ロゴス

アリストテレスの3要素

古代ギリシャの哲学者アリストテレスが書いた「弁論術」に人を説得する3要素が書かれています。それがエトス・パトス・ロゴスです。

エトス

Ｅｔｈｏｓは倫理や信頼を意味するもので、Ｅｔｈｉｃｓ（倫理）の語源です。

話し手からにじみ出る信頼感。人格や人柄とも解釈されています。人を説得する3要素の中で最も大事な要素とされています。

どんなに話が上手くても、どんなに筋が通っていても、話し手が胡散臭い人や、よくわからない人の言うことは信用できないものです。だからこそ自己紹介を徹底的に解説してきました。

〔図表18　人を動かす説得の３要素〕

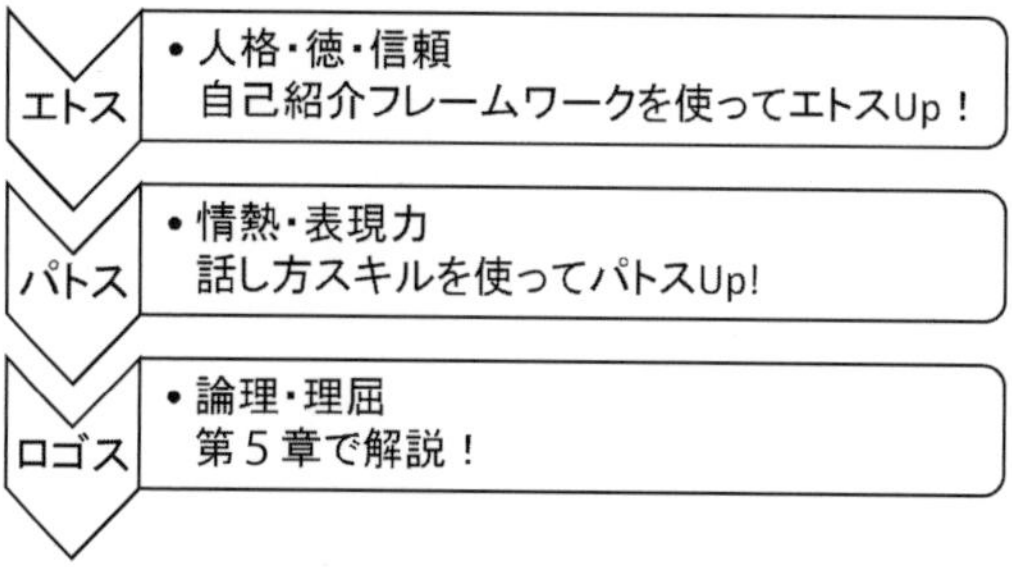

まずは自分をさらけ出し「信頼に値する人間」だということを聞き手にわかってもらわなければなりません。スピーチやプレゼンの目的である「人を動かす」ためには、エトス（信頼度や徳、人格）を上げなければなりません。嫌みなく自分の実績を伝えると共に、共感を持ってもらえる自己紹介ができなければ、聞き手はあなたの話に惹き込まれません。

相手の利益を考えるとエトスも上がる

自分のことばかり考える人はエトスが低く、その人の話を聞きたいとは思いません。反対に相手（聞き手）のことを考える人のスピーチは少しくらい下手でも、聞きたいと思うのは話し手のエトスが高いからに他ありません。聞き手の悩み（ＨＡＲＭ）を解決してあげるスピーチをすることで、自分のエトスが上がります。

パトス

Ｐａｔｈｏｓは「情熱」を意味するもので、ｐａｓｓｉｏｎの語源です。感情は理性に勝つと言われます。どれだけ理屈が通っていても、感情が伝わらなければ人は動いてくれません。逆に言えば、心を動かすことができれば、人を動かすことができるのです。

話し方スキルでパトスを上げる

今までにご紹介した話し方のスキルを使うことで自分のパトスを上げることができます。例えば、喜怒哀楽を伝える顔の表情やアイコンタクト、オノマトペやセリフを入れた演技、言葉に合わせた声のトーンなど。これらを駆使することであなたの情熱を伝えることができるのです。

ロゴス

Ｌｏｇｏｓは「論理」を意味するもので、Ｌｏｇｉｃの語源です。理屈が通っているかどうかです。

3要素の中では一番優先度が低いとされていますが、それでも論理は大事です。

感情で動かされた人も熱が冷めて改めて冷静に考えたときに、理屈が通っていなければ「だまされた」と思われる可能性もあります。

次章からはこのロゴスを高める方法、聞き手を論理で納得させる技術をご紹介します！

第5章　ロジカルに聞き手を納得させるスピーチの秘訣

私がドイツ人社長の前でプレゼンをした際、頭の中が真っ白になって自分でも何を言っているのかわからなくなってしまったことがありました。

そのときに言われた言葉が「It is not logical（論理的じゃないね）」。この言葉がとても悔しくて、でも言い返せない自分に腹立たしい思いをしました。

それからというもの、ロジカルシンキングの講習を受けたり、自分の周りのロジカルな人たちを観察したりすることを繰り返しました。その過程で、少しずつ論理的（ロジカル）に話すということがどういうことなのかわかってきました。

そこで気づいたのです。実は論理的に話す人にはいくつかの共通点があるということを。

その共通点をまとめた、私がストアカでも教えている「ロジカルでわかりやすい話し方」の内容の一部をここでご紹介いたします。

ロゴスを上げることで聞き手を納得させるスピーチを完成させましょう！

① 結論ファースト

結論ファーストは意外と難しい

ロジカルでわかりやすい話し方をしている人の特徴として挙げられるのが「結論ファースト」です。「結論ファーストで話しなさい」と簡単に言いますが、これが意外と難しいです。

なぜなら我々は普段ほとんどの場合「結論ラスト」で話しているからです。

そもそも結論の「結」という漢字には「最後・結末」という意味が含まれています。つまり結論ファーストというのは、言い換えると「最後が最初」という意味なのです。

「起承転結」が美しい文章の書き方だと教わってきた我々日本人にとって、最後の結論を最初に話すというのは非常に抵抗があるのです。結論ファーストで言うことはそんなに簡単なことではないということをまずは理解しましょう。

プライベートはほぼ結論ラスト

結論ファーストで話すことが難しいもう1つの理由はプライベートではほぼ結論ラストで話しているからです。主婦同士や友人との会話など、結論がないときもあるくらいです。結論がきちんとあるプロポーズの言葉さえ、結論ファーストで話すと違和感満載です。

彼氏「僕と結婚してください。理由は3点です！　まず1つ目は・・・」

彼女「えっ何？　会社のプレゼンでも始まるの？」

これだと感動も何もありませんね。ロジカルに愛の告白をされると相手は冷めてしまいます。やはり愛の告白は結論ラストのほうが感動しますし、成功確率も上がると思います。

彼氏「君と出会って3年が経つね。色んなところに出かけて、色んな想い出をつくったね。

たまに喧嘩もして別れかけた時期もあったけど、その度に君のことを想う気持ちが強くなったよ。これからもずっと一緒に居て欲しい。僕と結婚してください（結論ラスト）」

彼女「はい！　私でよければ是非お願いします」

エンタメもほとんど結論ラスト

我々の身の回りの娯楽（エンタメ）もほとんどが結論ラストで構成されています。お笑い番組のエピソードトーク、落語、映画、ドラマ、推理小説など。結論ファーストで構成してしまうと、ワクワクしないし、感動を呼びにくいからです。

結論ファーストを使うべきシーン

それではいつ結論ファーストを使うべきなのか？　それは「ビジネスシーン」です。特に報連相と呼ばれる報告・連絡・相談時には結論ファーストで伝えなければいけません。また会議で意見を求められた際も結論を先に言うべきです。なぜなら、結論ファーストの最大のメリットは「時間短縮」だからです。ビジネスの世界では「時間が命」です。会議の発言では「聞かれたことに答える意識」を常に持って、1分以内に答える。上司への報告の際も言い訳は後。何が起こったのか結論を先に伝えます。

プライベートのように結論ラストで話していたら時間がいくらあっても足りません。プライベートとビジネスでは話す順番を変えなくてはいけない、ということを理解してください。

〔図表19　ビジネスの世界では時間が命〕

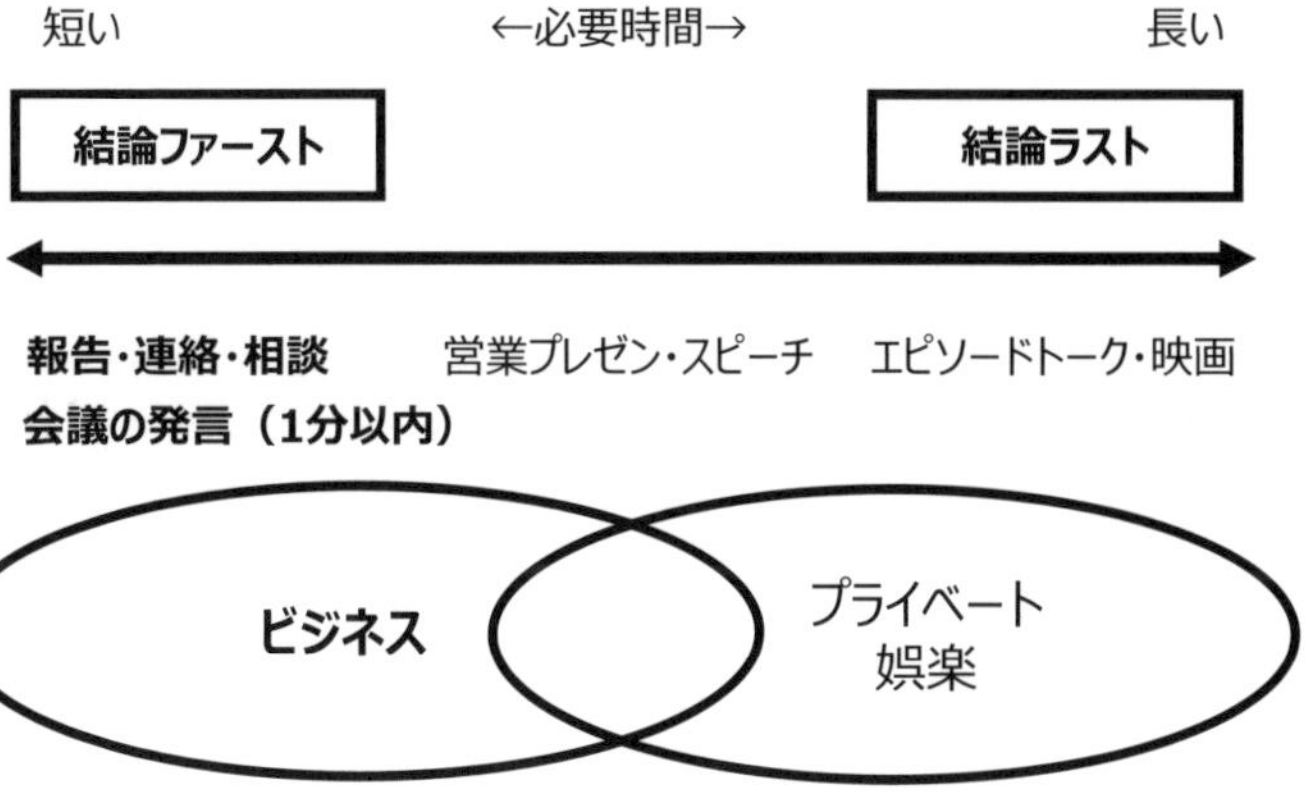

営業プレゼン・スピーチの結論の位置

ただし、プレゼンやスピーチにおいて、結論の位置は時と場合によって変化します。

社長や取締役など、お忙しく時間のない方への社内プレゼンはもちろん結論ファーストで行います。また新規の客先訪問など、顧客側が自分たちの商品に興味・関心が無さそうなときは、思い切って結論を先に伝え、お互いの貴重な時間を有効に活用します。

一方で聞き手が前のめりになって聞いてくれる姿勢が整っているときや、聞き手を感動させたいときは、結論を後ろのほうにずらします。但し相当の話術が必要だということを認識してください。

それまでずっと聞き手の集中を保っておかなければなりません。結論を言う前に聞き手が飽きてしまう可能性があるので、自信がないときはやはり結論は初めのほうにもってくるとよいでしょう。

結論ファーストを習慣にする口ぐせ

私自身、人を笑わせたい、感動させたいという気持ちが強いため、頭ではわかっているつもりでも、ついつい結論を最後に言ってしまいがちです。そんな人のために講座でもお伝えしている手法が結論ファーストを習慣づける「口ぐせ」を覚えるということです。

皆さんもなかなか結論ファーストで話せないという方は、是非、明日から次の口ぐせを使ってみてください。

「結論から言うと・・・」

「一言で言うと・・・」

「ご質問に答えるなら・・・」

これらのフレーズを口ぐせのように、ビジネス上の会話で毎日使ってください。

いつの間にか結論ファーストから話す癖が身についているはずです。

② コミュニケーションの伝達経路の複雑さ

コミュニケーションの伝達経路はとても複雑

私の研修ではコミュニケーションの複雑さを受講生に理解してもらうために、こんなゲームをしています。

ペアを組んでいただき、一方（話し手）がある絵を見て、その内容を言葉だけで相手（聞き手）に伝えます。相手は聞いた内容を元に、ペンで紙に絵を描きます。その後に実際の絵を見てもらい、どれだけの内容が伝わっていたのか、抜け落ちた要素はないかをチェックしてもらいます。

話し手側は8割くらい伝わったのではないかと感じる一方、聞き手側は「自分のイメージと実際の絵は全然違った」とか「半分くらいしかイメージと合っていなかった」と答える人が大半です。

話し手と聞き手との間にはそれほど認識の差があり、人と人の間のコミュニケーションに誤解が生じるのは、まさにこの認識のギャップが原因なのです。

コミュニケーションの伝達ステップ

通常話し手と聞き手のコミュニケーションは次の5ステップで行われます。

各ステップで抜け漏れ、要素の欠落、意味の取り違えが発生するリスクが潜んでいます。

ステップ①　話し手が伝えたい意味を理解し、頭の中でメッセージに変換する。
ステップ②　変換したメッセージを記号（日本語）に乗せて言葉を発する。
ステップ③　話し手から発せられた言葉を聞き手が受信する。
ステップ④　受信したメッセージを聞き手が頭の中でメッセージに変換する。
ステップ⑤　メッセージに変換したイメージを頭の中で想像する。

特にステップ②～④の間に意味の欠落や誤解が発生します。なぜなら、言葉の意味というのは非

〔図表 20　コミュニケーションの伝達経路はとても複雑〕

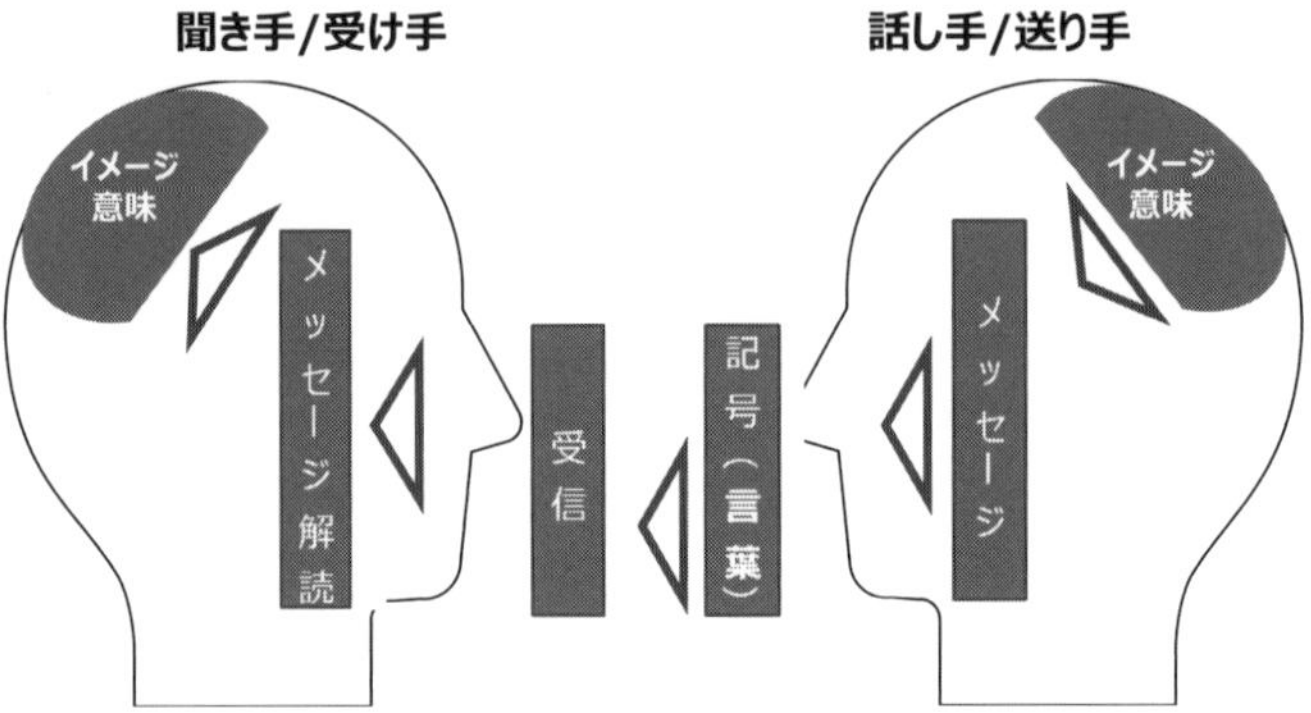

常に曖昧だからです。同じ単語を取っても人それぞれ持つイメージが違います。

例えば「お城」と聞いて皆さんはどのような建物を思い浮かべますか？　シンデレラ城のような洋風のお城をイメージする人もいれば、姫路城のような和風のお城をイメージする人もいます。1つひとつの言葉は人それぞれ育ってきた環境や今までの人生経験により、微妙に意味が違うのです。

自分の考えは言葉で伝えるしかない

絵や写真であればそのものを見せるのが手っ取り早い方法ですが、自分の考えは如何でしょうか？　自分の脳内を見せる訳にもいかないし、毎回、絵や図表を書いて説明する訳にもいきませんよね。人それぞれ意味が曖昧な記号「言葉」で伝えるしかないのです。

だからこそ「ロジカルでわかりやすい話し方」が求められるのです。

③　そもそもわかりやすいとは

「わかる」という言葉は３つの漢字で表されます。「分かる・解る・判る」。それぞれ微妙に使う場面が違いますが基本的には「意味が理解できる、事実がはっきりする」という意味です。

ただ、これ以外にも３つの漢字には共通する意味があります。

その意味が何か「わかり」ますか？

次、ヒントです。

「解」という漢字には「バラバラにする」という意味が含まれています。

「判」という漢字には「見分ける、区別する」という意味が含まれています。

「分」という漢字はそのまま「分ける、分かれる」という意味です。

この３つの漢字に共通するのは「分けられる」という意味です。つまり「分かる・解る・判る」というのは分けられるという意味なのです。

分かりやすいというのは「分けられる」ということなのです。

分けて伝えよう

複数の問題を相手に一気に伝えようとしても、コミュニケーションの伝達経路は複雑なので、意味の欠落や誤解が生じてしまいます。あなたの周りにも「何度言っても分からない・伝わらない人」は居ませんか？　もしかするとあなたの伝え方が「分かりにくい」のが原因かも知れません。

そういう人に対しては同じ伝え方を何度しても伝わりません。一度に説明するのではなく、分かりやすくするために「分けて伝える」工夫をしてください。

何かの作業であれば細かいステップに分けてあげる、きちんと切り口を示してあげて、別々に伝えるなどの工夫が必要です。

複数の理由・根拠を述べる

分けて伝える練習方法として最も簡単な手法が、結論や主張をサポートする理由や根拠を複数個述べるということです。「理由は2点（OR 3点）です」という口ぐせを身につけましょう。

複数の理由や根拠を述べる効果は次の3つです。

①　道標（みちしるべ）になる

例えば上司からこんな質問を受けたとします。あなたならどう答えますか？

上司「君はA社とB社どちらがよいと思う？」

部下（改善前）「A社との付き合いは古く関係は良好ですが、B社に比べ納期が長く、過去の品質も安定していなくて、価格においてはB社のほうが10％コストメリットがあって・・・」

上司「すまない。時間がないんだ。君はB社がよいということでいいのかな？」

恐らく上司は「この話いつまで続くんだろう…」と思い、しびれを切らして割って入っています。

次のように「道標」を示して伝えれば最後まで聞いてくれるはずです。

部下（改善後）「結論から言うとB社を採用すべきです。理由は３点です。１点目、品質面において A社より優れています。過去10年分裏づけデータを取りました。２点目、価格面において10％コストメリットがあります。３点目、納期面においてもA社のほうがリードタイムが短いです」

上司「そうか。よくわかった。有難う（よく考えているな）」

このように初めに結論、その後に理由や根拠をいくつ述べるのかを先に伝えることで、上司は「３つの理由があるんだな」と頭の中でゴールまでの道筋をつくります。そこに、１点目、２点目、３点目と添えてあげることで、道標となり、最後まで聞いてもらえるようになります。上司の評価も上がりますよ。

② 聞きたいという欲求を駆り立てる

人間は欠けている状態を嫌うと言われています。例えば図表21を見てください。理由３だけ他と離れているのが気になりませんか？　これらは別々の図だと言われても、気持ち悪くて、理由３を他とくっつけたくなるのが、人間心理です。

〔図表21　欠けていると気持ち悪い〕

この心理をうまく活用しているのがビジネス系ＹｏｕＴｕｂｅｒと呼ばれる人たちです。彼らは動画の冒頭でまずその動画で伝える主張を話します（結論ファースト）。結論を先延ばしして、グダグダ話してしまうと、よほどその人のファンでない限り、他の動画に切り替えられてしまいます。まずは再生回数を伸ばすためにも結論を先に話します。

再生回数と同じくらい重要な指標が「再生時間」です。できる限り最後まで視聴してもらうことで、ＹｏｕＴｕｂｅｒは収益化していきます。そのテクニックが「理由は○個あります」とか「具体的な方法が○個あります」と伝えることです。

多くの人が考える結論ファーストの最大のデメリットは「初めに結論を言っているので、その後は聞いてもらえないのではないか？」ということだと思います。そのデメリットを補うため、ＹｏｕＴｕｂｅｒ達はこの「○個あります」というフレーズを多用しています。

例えばこんな感じです。

「今日の動画のテーマは緊張との付き合い方です。結論、緊張を味方にすればいいのです。その具体的な方法を今から7つお伝えします」

この後、聞き手は「時間ないけど、とりあえず1つ目だけ聞いてみよう」と思い視聴を続けるとＹｏｕＴｕｂｅｒの思う壺。1つ聞くと、更に2つ目3つ目が気になります。なぜなら、既に方法が「7つある」というインプットがされているからです。

知らず知らずのうちに、聞き手の頭の中には7つの箱が用意されているので、その箱を全部埋めないと＝7つすべての方法を全部聞かないと、気持ち悪いからです。

③　ロジカルに聞こえる

この「理由は○点あります」というフレーズは魔法の言葉です。この言葉を言うか言わないかの違いで聞き手への説得力が変わってくるからです。

論理的というのは、なぜその結論になったのか、理由をきちんと説明できるということです。ロジカルシンキングにおいてはそれらの理由が網羅的なのかとか、そもそも妥当なのかということが問われますが、一般の人はそこまで深く考えていません。

それよりも「複数の理由」を提示してあげることが大事です。結論をサポートする理由や根拠が1つしかないと「本当に大丈夫？」と不安にさせてしまいますが、複数あることで「きちんと考えてきているんだな」と聞き手の納得感が上がります。

パワーオブスリー（Power of 3）

世の中には3つの要素で構成されているフレームワークが沢山あります。

・吉野家のキャッチフレーズ「うまい・やすい・はやい」
・アリストテレスの弁論方「エトス・パトス・ロゴス」
・優れたアスリートの要素「心・技・体」
・野球選手の実力を測る「走・攻・守」
・マーケティングフレームワークの3C「Customer，Company，Competitor」など。

不思議議ですが人間は3つ揃えば安心するのです。カメラの三脚もそうですが、安定感があると感じるのでしょう。

この心理を使い、あなたが何か主張する際もできれば理由を3点挙げましょう。そうすることで聞き手を安心させさた上で、納得感を得ることができます。

理由は2つでもいい

ここまで散々3つの理由を挙げるべきだと述べてきましたが、2つでもOKです。重要なのは「複数の理由がある」ということだからです。

２つ以上の複数の理由があればロジカルに聞こえます。ダラダラ自分の意見を述べるのではなく分けて伝えます。

例えば会議でA案とB案のどちらがよいか聞かれたとき、余程準備していない限り、３つも妥当な理由を思いつくのは困難です。ただそんなときでも、勇気を出してこう答えてみましょう。

「A案がよいと思います。理由は２つあります。１つ目は・・・」

私は、１つ目の理由を言いながら、２つ目の理由を考えることがよくあります。自分が取り組んでいる課題に対する意見を求められているのであれば、咄嗟の質問でも落ち着いて考えれば、２つは理由を挙げることができるはずです。

是非皆さん、急に意見を求められたときは２つ、事前に準備できるときは３つの理由を伝えましょう。話の説得力が増すはずです。

One Point　そもそもわかりやすいとは

・分けられるということ。複雑な問題は「分けて」伝えましょう。
・結論をサポートする理由が複数あればロジカルに聞こえる。
・理由は３つがベストだが２つでもＯＫ。

④　具体例や事例の力

聞き手の脳内に絵を描いてあげる

理由を説明したらその次に必要なのが「具体例や事例」です。難しい話になればなるほど、具体的な例を挙げないと相手には伝わりません。

聞き手の脳内に絵を描いてあげる「ビジュアライズ」を手助けするのが具体例の効果です。

イメージを伝えられる

例えば、工場見学をしていて敷地面積は「93，000平方メートルです」と言われてその大きさを想像できる人はいるでしょうか？

そんなときに例えば「東京ドーム2個分の大きさです」と言えば、パッとイメージが伝わると思います。

具体例の落とし穴

何でもかんでも具体例を挙げればいいというものでもありません。具体例は聞き手との共通認識があるものを選ばなければなりません。

話し手　「ブランドコラボをやりましょう！　例えばビックロみたいな感じです！」
聞き手Ａ「お〜なるほど」
聞き手Ｂ「・・・（ビックロ？）」

ビックロとは、家電量販店のビックカメラとの衣料品を販売するユニクロが東京新宿に共同出店した商業施設です。ご存じの方にはイメージが伝わると思いますが、知らない方は「何のこっちゃ？」と思い、余計に混乱してしまいます。

東京ドーム２個分ですと野球に興味のない女子高生に伝えてもイメージは伝わりません。それよりも「東京ディズニーランドの５分の１くらい。ちょうど、トゥモローランドくらいの広さです」と伝えるほうが、イメージしやすいかも知れません。

具体例や事例の他にも、あなたが主張する理由をわかりやすく説明する方法があります。

自らの経験を語る

例えばダイエットサプリを販売する場合、次のような説得の仕方があります。

販売員「このダイエットサプリはとてもおススメですよ（結論ファースト）。理由は２つあります（複数の理由でロジカルさをアピール）。まず１つ目、簡単に痩せられます。私もこのサプリを飲んでいますが、３か月で５キロも痩せることができました！」

自分の経験を語ること程、力強い説得材料はありません。実際にその商品がよいもので効果的なのであればなおさらです。逆に自分が使ったこともない商品を相手にすすめるというのは、説得力に欠けます。

データで語る

人間はデータ（特に数値データ）を提示されると説得力があるように感じてしまいます。

営業課長「部長、我々もテレビ会議システムを導入しましょう。事実、隣の総務部が先行で導入したところ、リアルの会議よりも時間が短縮され、結果、残業時間が2割削減されたようです」

営業部長「なるほど。2割か。金額にすると○万円くらいになるかな。一度やってみるか」

この会話も単に残業時間が少なくなるという定性的な事実だけでは説得力に欠けます。「2割削減」という定量的なデータを用意することで、一気に説得力が増すのです。

One Point 具体例や事例の力

・難しい話程、具体例を挙げないと伝わらない。
・具体例は聞き手との共通認識のあるものを選ばなければ意味がない。
・自分の経験や数値データを添えれば伝わりやすい。

⑤　ピラミッド構造を定着させる口ぐせ

流れのまとめ

ここまで説明してきた流れを一度おさらいしましょう。

ステップ①　結論ファースト

ビジネスの世界は時間が命です。相手の時間を奪わないためにも、結論から話しましょう。

ステップ②　複数の理由・根拠を述べる

理由が複数あればロジカルに聞こえます。聞き手の聞きたいという欲求を駆り立て最後まで話を聞いてもらうことができます。

ステップ③　具体例や事例を挙げる

それぞれの理由をわかりやすく説明するために、具体例や事例、データ、自分の経験などを加えます。

この流れこそが、ロジカルシンキングのベースとなる考え方「ピラミッド構造」に基づくコミュニケーション手法です。

この流れに沿って話せば誰でも簡単に「ロジカルでわかりやすい話し方」を再現することが可能です。

〔図表22　ピラミッド構造を定着させる“フレーズ”〜口ぐせにしよう〕

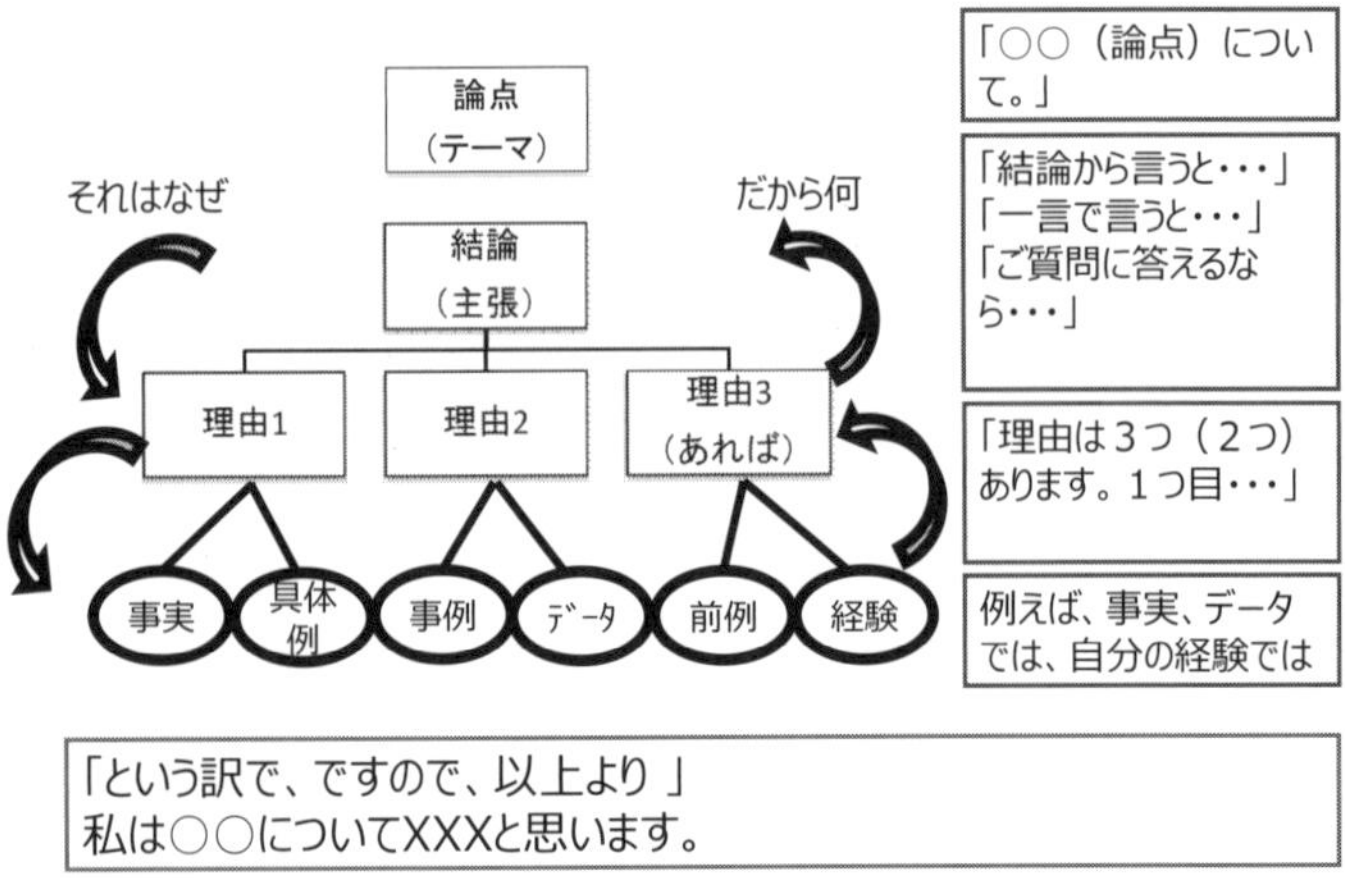

ピラミッド構造とは

主張する結論とそれを支える根拠や具体例をピラミッドのような形にして、構造的に見える化した図表です。上から自分の主張する考え（結論）、結論をサポートする複数の理由、各理由をわかりやすく説明した具体例やデータを当てはめていきます。

私は社内のプレゼン資料をつくるときや、簡単なスピーチ原稿をつくる際は、まず、ピラミッド構造に自分の考えを当てはめて、論理展開に飛躍がないか、矛盾している点はないかを確認しています。

ただ事前にいくら整理しても、本番では緊張して上手く話せなかったり、急な質問に頭の中が真っ白になったりすることもあると思います。それを回避すべく私が提案するのが、ピラミッド構造を定着さるための口ぐせフレーズです。

既にいくつかご紹介しましたが、ピラミッド構造に沿ってまとめたものを図表22に示します。

これらのフレーズを口ぐせになるまで、何度も何度も使ってください。そうすることで、いつの間にかピラミッド構造を書かなくても頭の中で整理することができ、緊張する場面でも、堂々と話しているように見せることができます。

ピラミッド構造ができているかどうかを確認する質問

自分がつくったピラミッド構造の論理展開が正しいかどうかを確認できる魔法の質問があります。それが、下から「だから何？」上から「それはなぜ？」です。

この質問に答えることができれば、そのピラミッド構造の論理展開は正しいものになっています。逆に答えられなければ、論理に飛躍があったり、余計なことを入れてしまったりしている可能性があります。

例として「今ハマっていること」をテーマにピラミッド構造をつくってみました。

下から「だから何？」と質問してみましょう。

「メルカリで出品したら服が1万円で売れた」

だから何？

「だから、金銭的なメリットがあります」

だから何？

「だから、断捨離にハマっています」

〔図表23　ピラミッド構造（例）〕

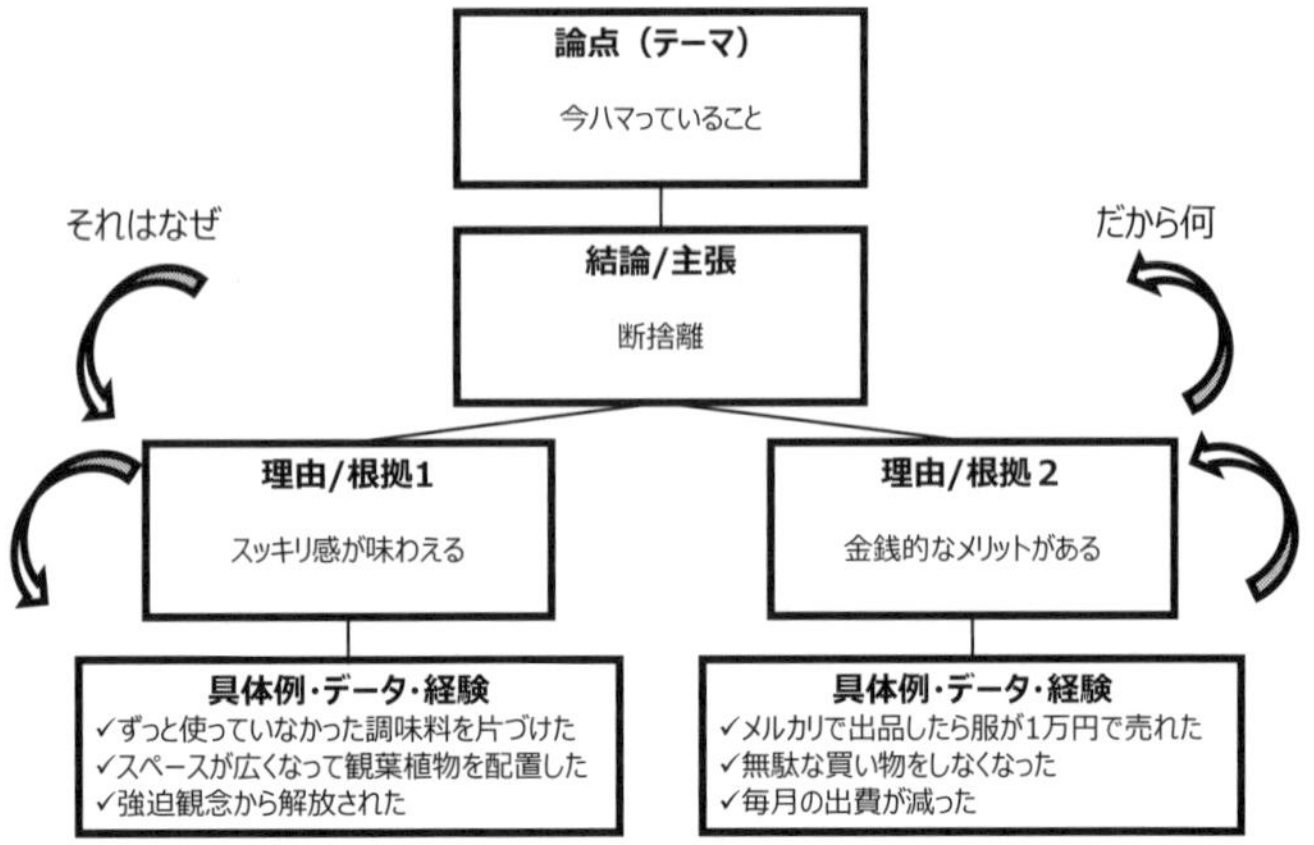

きちんと答えられていますね。

次は上から「それはなぜ？」と自分自身に質問していきます。

「断捨離にハマっています」

それはなぜ？

「スッキリ感が味わえるからです」

それはなぜ？

「例えば、ずっと使っていなかった調味料を片づけたおかげで強迫観念から解放されたからです」

こちらもきちんと答えられていますね。ピラミッド構造がきちんと構成されているということです。

このピラミッド構造と口ぐせフレーズをベースにスピーチをするなら、次のような感じです。

結論から言うと、今わたしは「断捨離」にハマっています。

理由は2点です。

1点目、スッキリ感を味わえます。例えば、先日、ずっと使っていなかった賞味期限切れの調味料をようやく捨てました。こうすることで片づけなくてはいけないという強迫観念から解放されました。

２点目、金銭的なメリットがあります。事実、不要な服をメルカリに出品したところ１万円で売れました。断捨離をしているので不要な服も買わなくなり毎月の出費が減りました。

という訳で、最近私は断捨離にハマっています。

如何でしょうか？　スピーチもスッキリしてわかりやすいですよね。皆さんも是非、スピーチやプレゼンの前にはまずピラミッド構造を書いて、魔法の質問「だから何？」「それはなぜ？」を自問してください。

きちんと答えられていることが確認できたら、あとは口ぐせフレーズに乗せて練習あるのみ。自分の口ぐせになるまで練習すればいつの間にか立派に「ロジカルでわかりやすい話し方が」できるようになっていますよ！

是非、お試しください！

One Point　ピラミッド構造を定着させる口ぐせ

・本書で紹介したフレーズを使う、覚える⬇口ぐせにする。
・スピーチやプレゼンをするときは簡単なピラミッド構造をつくってみる。
・下から「だから何」上から「それはなぜ？」と自問自答し、ピラミッド構造をチェック。

⑥ たとえる力の鍛え方

たとえの意味

「たとえ」という言葉には2つの意味があります。

2つ前の項で紹介した具体例や事例です。自分の経験や前例なども含まれます。漢字で表現するなら「例え」です。

2つ目は「喩え」です。比喩表現とも呼ばれます。同じ構造を持つ別のものにたとえる手法です。少し難しいですが上手くいったときの効果は絶大です。

1つ例を挙げてみましょう。

パソコンのスペックを説明するとき

パソコンに詳しくない人に、どんなに専門用語を並べて伝えても、その人に相応しいスペックがどんなものなのか理解してもらうのは難しいです。ここで比喩表現を使います。

パソコンのスペックは大きく、

①メモリ、②ハードディスク、③CPUに分けられます。

それは仕事で使うデスクにたとえられます。

①メモリというのは、デスク面の大きさと考えてください。デスクが大きければ一度にできる作業が増えます。同時に色んな作業を行いたい人はメモリが大きいパソコンが必要です。
②ハードディスクはデスクの下にある棚の大きさと考えてください。棚が大きければ沢山のファイルが収納できます。同様にハードディスクが大きければ沢山の動画や写真を保存できます。
③ＣＰＵはそのデスクを使う作業者と考えてください。どんなに大きなメモリやハードディスクがあっても作業者が有能でなければ宝の持ち腐れになってしまいます。早く沢山の作業をしたいのであれば、高性能のＣＰＵが搭載されたパソコンが必要です。

如何でしょうか？

メモリは８ギガでその処理スピードは・・・とか、インテルのＣｏｒｅ Ｉ９とＲｙｚｅｎ９を比較すると・・・とか、専門的なスペックの詳細を説明されるよりも、比喩表現のほうがずっとわかりやすいですよね。

この比喩表現。咄嗟に思いつくのはやはり難しいです。ですので、自分が売っている商品や自分の仕事を比喩表現できるように、あらかじめ準備しておくことが肝要です。

でもそんなに簡単に思いつかない・・・という方へ。比喩表現の練習方法をお伝えします！

比喩表現の練習方法その①　〇〇みたいな（に）ＸＸ

「〇〇みたいに（な）ＸＸ」というフレームワークに当てはめると表現しやすいです。

例えば「うるさい上司」を比喩で表現しようとする場合、

「うるさい」他の物を考えてください。うるさいものって何か思い浮かびますか？

例えば、掃除機とか工事現場とかですよね。

そうすると「掃除機みたいにうるさい上司」と表現できます。

他にも「静かな飲み会」を比喩で表現しようとした場合、

「静かな」何かを考えます。

例えば、お通夜とか田舎の田園風景とか。

そうすると「お通夜みたいに静かな飲み会」だった、とか表現できます。

わかりやすいですよね。

この「○○みたいに（な）ＸＸ」というフレームワークを使って比喩表現を練習していきましょう。

比喩表現の練習方法その② 共通認識のあるテーマを使う

具体例を挙げるときの落とし穴でも説明した通り、比喩表現も同様に「共通認識」のあるテーマを使わないと効果を発揮しません。

ご年配のおじさま方は、よく彼らの大好きな「ゴルフ」とか「野球」に物事をたとえます。でもそれって知らない人にとっては意味不明です。


【ゴルフ】

年配上司：無茶はいけないよ。ゴルフでもそうだろ。ツーオンなんて無理なんだよ。レイアップする勇気を持たないと。

若手社員：・・・慎重に？　ってことですかね（ツーオン？　レイアップって何？）。

【野球】

年配上司：大逆転のチャンスだね。９回裏ツーアウト満塁の場面みたいだ。君を代打で送るよ。

若手社員：・・・とにかく頑張れ？　ってことですよね。

比喩表現は共通認識のあるものを選ぶ

折角、わかりやすく話そうと思って比喩表現を使っても、聞き手がその比べられているものを知らなければ、全く意味がありません。だから、比喩表現は共通認識があるものを選ぶ必要があるんです。

ただ、多様な人が働く世の中。世代も趣味も性別も違う人に通じる共通の話題というのはそんなに多くありません。そこで私がよく使う共通の話題を次にお伝えします！

①学校生活に例える

日本人のほとんどの人が学校に通った経験があります。だから学校の話題は多くの人にとって共通認識です。そうすると色んな比喩表現が使えます。

眠いとき：午後の世界史の授業を受けているときみたいに眠い

真面目な人：真面目だね〜。生徒会長か！

やりたくない仕事：夏休みの読書感想文
優しい人：保健室の先生みたいに優しい人

②恋愛に例える
恋愛は誰もが興味のある共通認識の話題です。経験のある人は納得します。
要求の多い顧客：面倒くさい彼女みたいな顧客
壊れやすい品物：彼女のハートみたいに優しくお取り扱いください

③料理に例える
モノづくりや作業手順を説明するとき、料理の表現は意外と使えます。例えば、プレゼンテーションの準備は料理の手順と似ています。

料理っていきなり包丁やフライパンを握るのではなく、まず、どんな料理をつくろうか考えますよね。その次にレシピをつくって素材を集める。それからようやく調理に取り掛かります。

プレゼンテーションも一緒です。いきなりパワーポイントを開いてスライドをつくるのではなく、まず全体のストーリーを考えます。それから、目次をつくってデータを集める。最後にようやくスライドをつくるのが効率的な進め方です。

こんな感じですね。たとえるとわかりやすいし面白いです。

ただやはり、比喩表現をその場で思いつくのは難しいです。日頃から、誰にでも使えるような「最大公約数的な話題」を少しずつストックしておきますしょう。

One Point 👆 たとえる力の鍛え方

- 同じ構造をもつ別のものにたとえる。
- ○○みたいな（に）ＸＸというフレームワークに乗せる。
- 聞き手と共通認識のある話題にたとえるとわかりやすい。

⑦ 聞き手のＮＨＫを把握する

聞き手の何を抑えておくべきか

スピーチやプレゼンをする上で重要なのが聞き手を理解するということです。ここでは私がグロービス経営大学院大学というビジネススクールで教わった「聞き手のＮＨＫを把握する」というフレームワークをご紹介します。

聞き手の何を抑えておくべきかを示した、簡単に覚えやすくて、しかも真理をついているフレームワークです。

Ｎ　認識

あなたが今からスピーチやプレゼンをする相手は、話すテーマや議題に対して、どのような認識なのか、どれだけの情報をもっているかを知っておくことが重要です。通常、会社のプレゼンや会議の場では参加者同士の認識がズレていることがほとんどです。知っている情報＝認識に格差があるのです。

聞き手がテーマに対して、どのような認識でいるのかを理解し、そこにギャップがあるのなら、認識合わせを行わないと話が噛み合いません。

まずは冒頭で今から話すテーマや議題について、背景や目的の説明を行います。そうすることで聞き手はあなたと同じ認識であなたの話を聞く体勢を整えることができるのです。

H　反応

認識合わせをした上で、そのテーマに対して聞き手は賛成なのか、反対なのか。ポジティブなのか、ネガティブなのかをできる限り把握しておきましょう。社内プレゼンにおいては重要なポイントです。特に部長や役員、社長などあなたが提案する内容の採決をする、ディシジョンメーカーの反応を抑えておくことは非常に重要です。

例えば、あなたが新商品開発のための１００万円の予算をつけて欲しいというプレゼンをする場合、ディシジョンメーカーである社長がそもそも、そのプロジェクトにネガティブな印象をお持ちなのであれば、プレゼンの内容を工夫しなくてはなりません。

新商品開発をすることのメリットばかりを伝えるのではなく、ネガティブな面も伝える必要があります。

今まで成功しなかった理由や、その他投資すべき案件情報との比較など。社長にツッコまれそうなネガティブな内容をあらかじめ盛り込んでおきましょう。そうすることであなたがきちんとネガティブな面も考慮した上で、それでも進めるべきだと提案しているということが社長に伝わり、予算の承認を得られる確率が高まります。

K　関心

聞き手は何に関心があるのか考えたことはありますか？　聞き手は何を気にしているのか。何に興味関心を示すのか。何を重視しているのかを理解すれば、自ずと話す内容も変わってきます。

例えば、聞き手が競争心のある人でライバル企業には負けたくない。そう思っている人に対して、あなたが新しい商品を売り込むためにプレゼンする場合。

既に導入して成功しているライバル企業を引き合いに出す。または自分の商品を買ってもらうことでライバルにどれだけ差をつけられるのかを示せば相手の関心を引くことができるでしょう。なぜならライバルに差をつけることが相手の関心事だからです。

聞き手の関心事は何なのかを把握し、その関心事をくすぐることができれば、聞き手を納得させ行動変容を促すことができるのです。これからあなたが話をする相手の興味や関心事をプレゼンやスピーチの内容に盛り込むことができないか？　一度考えてみましょう。

One Point 聞き手のNHKを把握する

・N認識　聞き手と話し手とでは情報格差がある。まずは認識合わせが必要。
・H反応　聞き手の反応を先に知っておくことで、話す内容を工夫することができる。
・K関心　聞き手の関心がどこにあるのかを把握して、関心事をくすぐる。

⑧ ペルソナの設定

ペルソナとは

ペルソナというマーケティング用語をご存じでしょうか？　新しい商品やサービスを考える際に想定されるユーザー像のことです。30代男性サラリーマンというザックリしたターゲットではなく、もっと深く詳細にその人物が実在するかのように、具体的に設定していきます。例えば、次の通りです。

ペルソナの設定

山田　太郎　38歳　国内部品メーカーの営業課長　都内在住　既婚　妻、娘（6歳）の3人家族趣味は筋トレと草野球　よく使うメディアはＬＩＮＥやＦａｃｅｂｏｏｋ、Ｔｗｉｔｔｅｒ　ビジネス系ＹｏｕＴｕｂｅｒの発信を頻繁にチェックしている。新人課長で部下の育成に力を入れたいと思っているが、若い世代の仕事に対する取り組み方の違いに戸惑っている。第二の収入源として副業も考えているが、何から始めていいかわからず悩んでいる。

実際のマーケティングの現場ではもっと細かく設定していきます。この人物はどんな行動をとるのか、どのような言葉が刺さるのかをチームで考えていきます。ペルソナマーケティングというのは、この人物「たった１人に向けて」商品やサービスを開発することで、実は多くの人に支持される商品になるという考え方です。

たった１人に向けたスピーチやプレゼン

スピーチやプレゼンにおいてもペルソナを設定すると、より聞き手に伝わりやすくなります。社内プレゼンであれば、実際に存在する人物（社長、部長、部下、新人など）を具体的に想像し「この人だったらこんな疑問を持つかな？」とか「このレベルなら理解できるはずだから説明は省略しよう」という考えに至り、より内容の濃いプレゼンに仕上がります。

スピーチを構成する際はＨＡＲＭの法則を思い出してください。自分が設定したペルソナはどんな悩み（痛み）を抱えているのかを想像します。

例えば先ほどの山田　太郎さんであれば、若い世代とのコミュニケーションに悩んでいそうですね（Relation人間関係）。部下とのLINEでのやりとりで、時代遅れの絵文字を送って馬鹿にされたくないなど。

その上で、どのようなスピーチをすれば悩みを解決することができるのか、どんな言葉を使えば心に刺さるのかを考えれば、自ずとスピーチの台本が固まってくるはずです。

スピーチはラブレターのように

皆さんはラブレターを書いたことはありますか？　その人のことを想いながら、なぜその人のことが好きになったのか理由を書き、ちゃっかり自分のイイところも伝えつつ、最後に「よかったら付き合ってください」というように、相手に行動を促しますよね。

スピーチやプレゼンも同じです。「聞き手に行動を促す」ことが目的です。相手に動いてもらうためには、当たり障りのないフワッとした話をするのではなく、自分が設定したペルソナに向けてグサッと心に刺さるような内容を話すべきです。

結果として後者のほうがより多くの人の行動変容を促すことができるからです。

ラブレターを書くようにスピーチやプレゼンの内容を構成してください。たった1人の心も動かせないようでは、大勢の人の心を動かして納得させることはできませんよね。

One Point ペルソナの設定

・具体的な誰かを想定してスピーチを構成する。
・スピーチはラブレターのように、たった１人に向けて話す。そうすれば、結果的に大勢の心を動かすことができる。

⑨ 変えられる行動、変えられない価値観

価値観

スピーチやプレゼンの目的は「相手の行動や気持ちを変化させること」という話をしましたが、変えられないものがあります。それが「価値観」です。

「価値観」という言葉はとても抽象的な言葉ですが、敢えて定義づけるとするならば、物事の善し悪し＝価値の判断基準です。価値観は子どものころから構築され、18歳ごろまでに形成されると言われています。

「大人になると頭が固くなる」というのはその通りで、大人になればなるほど、価値観がガチガチに固まっているので、新しい考え方というのは受け入れられないものなのです。

日本ではあまり馴染みがありませんが「宗教」というのも一種の価値観です。特に子どもの頃に親

や周りの人から教えられてきた善悪の考え方や、神様の存在。それは簡単には変えられるようなものではありません。人の価値観を否定したり、非難したりするというのは、相手の親を侮辱するようなものなのです。

ちなみにサッカーが人気のヨーロッパではこんな言葉があります。

「奥さんは変えられるけど、自分の応援するチームは一生変えられない」

スポーツ好きの人には伝わるかと思います。私も親が阪神タイガースファンで物心ついたころからタイガースを応援していました。今からジャイアンツファンになろうと努力しても、多分無理です。子どものころから応援してきたタイガースが、自分の価値観の一部を形成してしまっているからです。

価値観を利用して行動を変える

人の価値観を変えるというのは、自分の価値観を押し付けることと同じです。いわゆる「洗脳」ですが、余程考え方が近い人や特殊な環境下に置かれた状況ではない限り、基本的には無理です。ましてやスピーチやプレゼン等、限られた時間の中において、価値観を変えることなんて不可能です。

むしろその人の価値観を上手く利用して、行動を変える。それが、スピーチやプレゼンにおいてはとても重要です。

ここでは人の価値観を利用して行動変容が起こる例として有名な「タイタニックジョーク」をご紹介します。

価値観を利用して人が行動を起こすタイタニックジョーク

豪華客船タイタニック号が氷山にぶつかり今にも沈みそうです。救命ボートの数は限られていて、女性や子どもが優先。何人かの男性は海に飛び込まなくてはなりません。色んな国籍の男性がその船には乗り合わせていてみんな躊躇しています。あなたが船長ならどのように説得しますか？

例えばアメリカ人男性なら、このように説得します。

「海に飛び込んでください！　あなたはヒーローになれますよ！」

アメリカ人男性の子どもの頃からの夢「ヒーローになりたい」という価値観を利用して、行動を起こさせています。

イギリス人男性ならこんな感じです。

「あなたが紳士なら海に飛び込むべきです！」

イタリア人男性なら、

「海に飛び込んでください！　女性にモテまっせ！」

ドイツ人男性なら、

「海に飛び込むのがルールとなっております」

日本人男性なら、

「皆さん海に飛び込まれていますよ」

如何でしょうか？　偏見も含まれていますが、国民性というのも一種の価値観です。それをくすぐって、それぞれの人の価値観に合わせて、説得方法を変えるというよい例です。

ちなみに関西人がタイタニックに乗り合わせていたら、こう説得します。

「海に飛び込んでください！　阪神タイガースが優勝したらしいですよ！」

道頓堀だと思って飛び込むかもしれませんね（笑）

グループにもある価値観

これから自分がスピーチやプレゼンをする人たち＝聞き手の価値観を理解することが重要です。国民性と同様にグループにも価値観があります。

例えば、小学校のＰＴＡ。ＰＴＡに参加しているお母さま方に対して、たまの休みを使って手伝いに行った２人のお父さんがいました。２人とも非効率なデータ登録方法を見てエクセルのマクロを使うことを提案したいと思いました。

１人目のお父さんは、

「ビジネスの現場では、作業性と費用対効果を重視してマクロを使っている。こんなムダな作業をやめてマクロを使うべきだ！」と声高に叫びました。が、ＰＴＡの方々には響きませんでした。

２人目のお父さんは、このように伝えました。

「最近、交通事故が相次いでいますね。子どもたちの安全性確保のために、横断歩道に人を配置しましょう。でも、そのためには現在２人でやっている入力作業を１人でできるようにする必要があります。そのため、簡単に自動でデータを入力ができる方法を考えてきました」

このように始めると、ＰＴＡの方々はみんな話を聞いてくれました。

なぜでしょうか？

それはＰＴＡの価値観の１つは「子どもの安全を確保する」ということだからです。

２人とも同じことを提案しているにもかかわらず、聞き手の行動が１８０度変わるのです。相手の価値観を理解して、それを面倒くさがらずに言葉にして伝えてあげることで、相手を動かすことができるのです。

One Point　変えられる行動、変えられない価値観

- 人それぞれ価値観が違い、それは変えられないもの。
- 人の価値観を理解して、その価値観をくすぐることで行動変容を起こす。
- 個人だけでなく、グループや組織にも価値観がある。

⑩　会議のファシリテーションスキル

会議を有効なものにする技術

会議を司会進行し、意見をまとめる人をファシリテーターと言い、会議を有効なものにする技術を「ファシリテーションスキル」と言います。

ファシリテーションだけで沢山の書物が発行されています。

私自身ファシリテーションの力に魅力を感じ、ファシリテーション関連の書物を読み漁ったり、セミナーに通ったりして、そこで学んだスキルを実際の会議で実践してきました。トライアンドエラーを繰り返し、少しずつコツをつかみ、今ではファシリテーションを教えられるようになりました。

スピーチやプレゼンとファシリテーションの共通点

スピーチやプレゼンは自分が中心となり、話したいことを話して、聞き手に聞いてもらうものと勘違いされている方が多いですがそれは違います。あくまで聞き手中心に進めるのが一流の話し手です。

プレゼンテーションの語源はプレゼント。自分の話は聞き手へのプレゼントです。自分の言いたいことではなく、相手が聞きたいことを話さなければなりません。だからこそハイレベルなプレゼンターほど、聞き手との双方向性を重視します。

話し手と聞き手の双方向だけでなく、更には、隣に座っている参加者同士の多方向のコミュニケーションも促進させるなど、まるで1つの会議のように仕上げていき、最後にメッセージを伝え、聞き手に行動を促します。

このようにハイレベルなスピーチやプレゼン程、ファシリテーションに近くなってきます。スピーチやプレゼンと会議のファシリテーションは実はとても似ているのです。

なぜ今、ファシリテーションなのか？

会社員を15年以上やっていますが、本当に会議が多いです。・・・しかも、そのほとんどが何も決まらない、モヤモヤ会議ばかりです。
以前、自分の会議時間の集計を取ってみたことがあります。
１日平均2～3時間くらい会議をしていました。１か月で約50時間ですね。
これ人生に換算するとどれくらいになると思いますか？
50時間　×　12か月　＝　６００時間／年
22歳～65歳まで働くとして、
６００時間　×　43年　＝　２５，８００時間

1日平均10時間働くと仮定した場合・・・

25，800時間　÷　10時間　÷　365日　＝　7年間！

平均的なビジネスパーソンが人生で会議に費やす時間はなんと約7年間！

ビックリですよね。人生の貴重な7年間。無駄だな〜とかヒマだな〜と過ごすわけにはいかないと思い、まず取り組んだのが会議をなくすことでした。

ムダ会議撲滅！　結果どうだったか。

会議はなくなりませんでした・・・みんな、会議が好きなんですよね。

特にお偉いさんにとって、会議は最高のエンタメです。

自分は何もしなくていいし、議事録作成もホワイトボードに書くこともタイムキープも何もしなくてイイ、しかも周りは自分の発言に気をつかってくれる。お偉いさんにとって、こんな楽しいエンタメはないんです。

そんな会議はなくしてしまえ！　と、半沢直樹なら言うかも知れませんが、現実世界ではちょっと難しいですよね。

私もサラリーマンなのでお偉いさんには逆らえません。しかも、人事の話、企画の話、お金の話などなど、実は、大事なことは全部会議で決まるんです。

そう、事件は会議室で起きてるんです！

〔図表 24　ハイレベルなファシリテーションスピーチやプレゼン〕

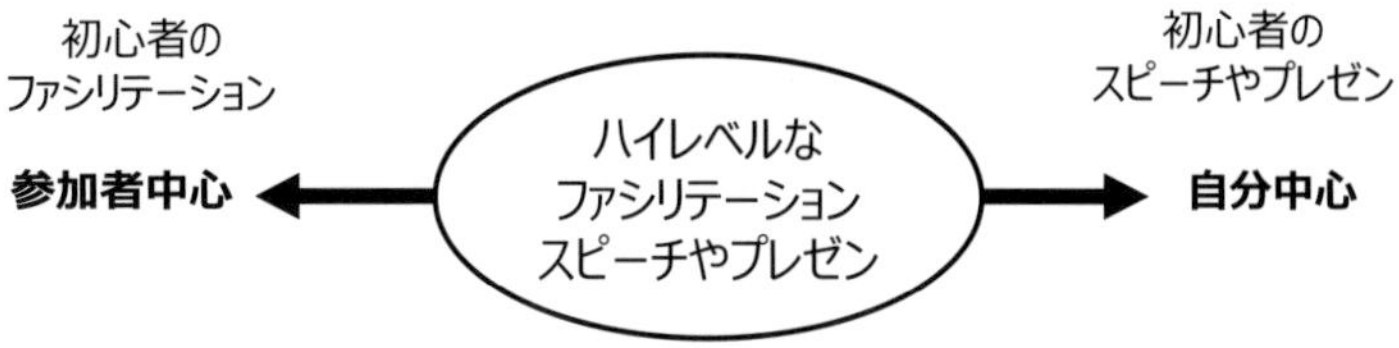

ファシリテーションの基本的な流れ

ファシリテーションの基本的な流れは、次の通りです。

参加者が会議の目的を達成できるようにお膳立てをして（会議運営）、様々な意見が出るよう会議を工夫し（意見発散）、対立する意見をすり合わせて、参加者全員が納得した形で意見を収束する（合意形成）という流れです。

ファシリテーターは中立であるべきか？

書籍にはよく「ファシリテーターは中立であるべきだ」と書かれていますが、私は違和感を覚えます。少なくとも私が出席するような会議でファシリテーターを任されている人は、その組織やプロジェクトの中心人物です。

その人に意見がなく、中立であるということはありません。むしろ優秀なファシリテーターは「自分の意見を通すため」に、会議運営を行い、参加者の意見を発散させつつ、最後にはみんなの納得感を得て合意形成を取り付けています。いつの間にか、ファシリテーターが意図したようにみんなが行動しているのです。

もちろんほとんどの参加者が反対しているにもかかわらず、無理やり意見を通すのはよくありませんが、自分の考えを伝え、納得感を得た上で相手に行動してもらうという点においては、スピーチやプレゼンとよく似ています。

ファシリテーションは究極のプレゼンテーションと言っても過言ではありません。

人前で話す練習をしたいという方は是非、自分が参加している会議のファシリテーター役を買って出ることをおすすめします。スピーチやプレゼン程、自分に注目が集まる訳ではありませんので、いい練習になりますよ！

⑪ オンラインでの話し方

オンラインでのコミュニケーション

コロナでテレワークが主流になりつつある現代において、オンラインでのコミュニケーションは当たり前になってきました。合同研修や会議の多くはオンラインで実施されています。

対面だと問題ないけれど、オンラインだと緊張して話せなくなるという声もよく聞きます。そこにはチョットしたコツがあります。

まずはオンラインにおけるコミュニケーションの難しさを理解することから始めましょう。

オンラインコミュニケーションの難しさ

①タイムラグがある

ネットワークスピードの関係でどうしても会話に時間の遅れ＝タイムラグが発生します。これを無視してお互いが話すと、自分と相手の声が重なって聞こえにくくなります。お互いイライラするし、誤解などコミュニケーションミスの原因にもなります。

②相手の反応が取りづらい

音声ミュートで顔も出さない参加者ばかりだと、本当に聞こえているのか、理解いただいているかどうか顔の表情からは読み取れません。１人で話しているようで、余計に緊張してしまいます。

③どこを見て話していいかわからない

リアルであれば文節ごとＯＲ２秒ごとに会場にいる人たちとアイコンタクトを取っていけばいいですが、オンラインだと目線がキョロキョロしてしまって不自然です。

では、オンラインの会議やプレゼンでは、どのように話せばいいのでしょうか？

オンラインでの話し方

①話すスピードを落とす

ゆっくりと話しましょう。特に語尾はハッキリ発音することで誤解を防ぎましょう。但し、ずっと同じペースで話すと聞き手は飽きてしまうので、緩急は必要です。対面のときと比べて全体的にスピードを落とすイメージです。

②手の動きを有効活用する

カメラに写っているのはせいぜい胸から上です。歩き回ったり大きなアクションを取ったりすることはできません。ただそれでも手だけ使えます。

「理由は2点あります」と言うときには、手を顔に近づけて指を2本立てればOKです。位置関係を示す手の動きも使えます。

但し、カメラの枠に収まるようにしましょう。手を有効活用することで、オンラインでも躍動感のある話し方ができるようになります。

③相手の反応を取る

私は対面でもオンラインでも双方向性を重視します。

オンラインだからといって一方的に話してはいけません。双方向性を取るためにも可能な限り参加者にはカメラをONにして顔を出してもらいましょう。その上で逐一自分の話を理解頂いているかどうかを確認するのです。

「ここまでOKでしょうか？」

と言いながら、人差し指と親指で「OKサイン」をつくってください。そして参加者の方々にも理解できていたら「OKサイン」をつくってもらいましょう。

初めが肝心です。

「通信環境が悪くなるときもあるので、随時、理解の確認を取っていきたいと思います。皆さん、モデルのローラさんっぽくＯＫポーズを取ってくださいね」と初めに伝えておきます。そしてすぐさま、

「みなさんＯＫですか？」と聞いてください。

相手の反応を得られることで緊張もほぐれ、更には冒頭でボスザル効果も効かせられるので一石二鳥の技法です。

ただ中には顔出しできないという参加者もいます。

そのような参加者に対しても反応を示すＧＯＯＤボタンやチャット機能の活用を促しましょう。ゲーム感覚で楽しんでもらえるよう初めに何度か練習してもらえば、反応を示してもらいやすくなります。

オンラインでも相手の反応を取りながら聞き手中心の話し方をする。そうすることで退屈で一方的な話を回避することができるのです。

④できる限りカメラの近くを見て話す

オンラインでは少しでも目線がズレてしまうと目が合っているように感じません。どこを見て話せばいいのでしょうか？

私は「できる限りパソコンの上の辺りのカメラ近く」を見て話すようにしています。ただカメラを見ると画面が見えません。ちょっとした工夫が必要です。

ＺＯＯＭなどのオンライン会議システムでは、参加者の顔が表示される部分を動かすことができます。それをできる限りカメラ近くに移動させ、その部分を見ながら話すのです。

そうすると、まるで話し手が聞き手とアイコンタクト取っているかのように見せられることができます。

聞き手は「私に話しかけてくれている！」と感じ、熱心に自分の話を聞いてくれます。

これからはどんどん、オンラインでのスピーチやプレゼン、面接が増えてきます。当日アタフタしないように、事前にシステムの操作方法には慣れておきましょう。慣れれば、堂々と画面に映し出したカンペを見ながら話すこともできるので、対面よりもずっと楽に話すことができると思います。

One Point　オンラインでの話し方

・対面より話すスピードを落とす。
・オンラインでも双方向性を重視する。
・参加者の顔が表示される位置をカメラの近くに移動させ、その辺りを見ながら話すことで、あたかもアイコンタクトを取っているように見せられる。

第6章　スピーチ名人になるための心がけの秘訣

① スピーチ・プレゼンスキルの全体像

〔図表25　スピーチ・プレゼンスキルの全体像〕

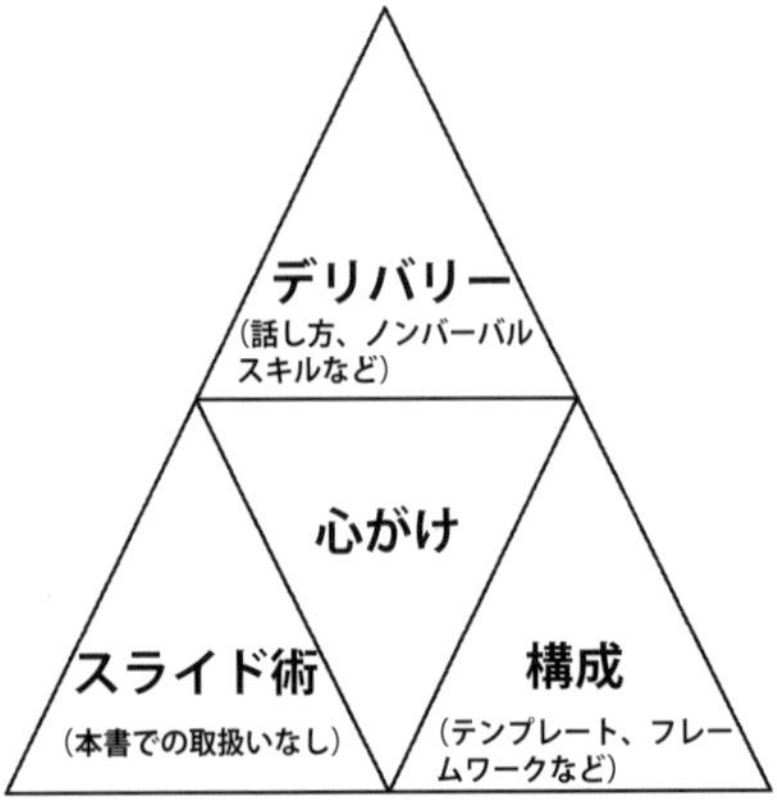

次の三角形の図はスピーチ・プレゼンスキルの全体像を示しています。ここまでお伝えしてきた話し方のテンプレート、フレームワークやピラミッド構造は構成、再現性のある話し方やノンバーバルスキルはデリバリーです。

もう1つ特に社内プレゼンなどにおいては、資料を上手くつくるスライド術というものもあります（本書での取扱いはなし）。

それらのスキルの真ん中にあるもの。それが「心がけ」です。どんなに綺麗なスライドをつくっても、どんなに上手い構成やノンバーバルスキルを知っていたとしても、心がけができていないとスピーチ名人にはなれません。この章ではスピーチ名人になるための心がけの秘訣をお伝えします！

②　自分の言葉で話す

借り物の言葉では伝わらない

普段、話しているときは平易な言葉遣いをしてわかりやすいのに、人前で話すとなると、幼稚な言葉遣いが恥ずかしいと思い、難しい言葉を並べる人がいます。

私もセミナー講師駆け出しの頃は「講師たるものやさしい内容ばかりでは権威が保てない」と勘違いし、自分でもよく理解できていない、本やネットで得た「借り物の知識」を伝えている箇所がありました。恥ずかしい話ですがその度に、生徒さんの頭の上に「？マーク」が見えるようでした。自分がつくったセミナーであるにもかかわらず、自分自身その部分の理解度が低かったのです。使っている言葉の意味すらよくわかっていませんでした。

当時の生徒さんから「セミナーは全体的によかったのですが、一部、よくわからないところがありました」というアンケート結果をいただいて、ようやく気づいたのです。自分自身の理解が曖昧な知識を借り物の言葉を使って伝えようとしても、相手に伝わるはずがないと。

自分の言葉じゃないと伝わらない

まずは理解できていなかった箇所を自分の腹に落ちるまで徹底的に理解に努めました。抽象的な言葉や理解の難しい情報に出会う度にそのまま放置せず「つまり、どういうこと？」と自分に問う癖をつけました。何度もそれを繰り返すことで、理解を深めていきました。

自分の言葉で説明できるようになる頃には、セミナーの満足度も飛躍的に上がりました。借り物の言葉ではなく、自分の言葉で説明できるようになっていたからです。「わからないところがあった」という感想もなくなりました。

流行り言葉を使わない

ネット上で使われる言葉や最近流行りだした流行語。それらを使うと「流行りに敏感な人なんだ」と思われるかも知れませんが、おススメできません。理由は意味を知らない人には通じないということと、流行が終わった後の言い換えに苦労するからです。

最近は「ワンチャン」という言葉が流行りました。One Chanceという言葉の略です。どこでも使えてしまい、自分の語彙力を落としてしまいかねない危険な言葉です。

「今日、ご飯食べにいかない？」

「予定入っているけど、ワンチャン行けるかも」

「今日のテストどうだった？」

「ワンチャン失敗したかも」

「ちょっと休憩しない？」

「うん、ワンチャンありだね」

もう元々の意味がよくわからなくなってしまっていますね。本来は「あと1回チャンスがある」という意味のはずですが、どの文脈にも当てはまりません。

他にも「ヤバイ」という言葉も使わないほうがよいでしょう。

流行り言葉を日常的に使っていると、きちんとした日本語での「言い換え」ができなくなってしまいます。一流の話し手は流行り言葉は極力使わないようにしています。

自分の言葉を磨くために、万人に通用しない、いつかすたれてしまう流行り言葉は極力使わないほうが賢明です。

そもそも自分の言葉とは

日本語とか英語とか、言葉自体誰かが考えたものです。自分が人類で初めて言い出した言葉なんて余程のことがない限りないですよね。

だからすべての言葉は借り物の道具に過ぎないと解釈できます。借りてきた道具だからこそ、自分が使いこなせるようにしなくてはなりません。その道具の使いどころがわかったり、ちょっとアレンジしてみたり、人に使い方を説明できるようになって初めて「自分の物」になるのです。

もし自分では説明できないけれども何となく「賢そうに見えるから」と言う理由で使っている言葉があるのなら、聞き手に伝わっていない可能性があります。その言葉の意味を「つまり、どういうこと?」と説明できるようになってから、使っても全く遅くありません。

One Point　自分の言葉で話す

・自分で意味を説明できない言葉は使わない。
・語彙力が失われかねない流行り言葉は使わない。
・言葉の意味を言い換えて「つまり、どういうこと?」と説明できるようになって初めて使うことができる。

③ 聞き手への期待を捨てる

話し手と聞き手のギャップ

以前、自分では「絶対ウケる」と思って言ったギャグが思いのほかウケなくて、それまでは順調だったスピーチなのに、その後、頭が真っ白になり、言うべきことを忘れ、数秒間固まってしまった経験がありました。

自分が想像していた聞き手の反応と現実とのギャップがあまりにも大きかったからです。自分では最悪の出来でした。

ただ、その後、自分のスピーチを聞いていた知り合いに感想を聞いてみると「別に悪くなかったよ」という感想を聞いて驚きました。自分では不自然に黙ってしまった間も、聞き手からすると違和感なかったとのことでした。

このように話し手と聞き手の感じ方には大きなギャップがあるのです。話し手が失敗したと思ったことでも、聞き手はそうでもないと感じることがほとんどです。

聞き手は無表情なもの

いくら聞き手にフックを掛けるテンプレートを使って聞き手を惹きつけていても、身を乗り出して「ウンウン」と頷いて聞いてくれる人はほとんどいません。

ユーモアエピソードテンプレートで面白い話をしても、「ガハハ」と声に出して笑う人もごくわずかです。

ここまで説明したロジカルスピーチ術を使って、きちんとスピーチができていれば、確実に聞き手は惹きつけられているはずです。あなたの話に興味がない訳ではなく、ただそれが目に見える態度には現れていないだけなのです。

これは聞き手の立場に立てばわかる心理です。例えば、あなたが一人自宅でニュース番組を見ているところを想像してみてください。どんなに興味深いニュースでも声を出して驚いたり、TVに向かって「ウンウン」と頷いたりしないですよね。無表情で見ているはずです。寝ころびながらスマホ片手に聞いているだけかも知れません。それでも興味があるから、チャンネルは変えないのです。ご存じの通りバラエティー番組では、笑い声や歓声は後から編集で追加されています。スタジオに呼ばれている聴衆も「ここで笑ってくださいね」とか「拍手」というサインに合わせて反応を示しています。

反応が悪くても気にしない

ＴＶのような演出のない我々のプレゼンやスピーチにおいては、聞き手が腕組みをして聞いていても、クスリとも笑わなくても気にしてはいけません。前向きな反応をしてくれる聞き手はほんの少数です。

反応を示さない聞き手の気持ちはいたってニュートラルです。あなたのことを嫌っている訳ではありません。寝ないで聞いているだけマシ。あなたの話はきちんと耳に届いています。

もっと反応して欲しいとか、笑って欲しいという聞き手への過剰な期待は捨て、自分のペースを維持しましょう。

One Point 聞き手への期待を捨てる

・自分の話に反応してくれる人はごくわずか。それでもあなたの言葉は届いている。
・反応が悪くても気にしない。自分のペースを保つ。

④　ハッタリをかます

言い訳は聞きたくない

冒頭「すみません。準備不足でして・・・」とか「人前で話すのが苦手でして・・・」と言い訳から始まるスピーチをよく見かけます。気持ちはわかります。言い訳をすることで自分のハードルを下げたい、下手くそでも許して欲しいという心理が働いているのです。

でもこの言い訳から始まるスピーチはとても格好悪いです。聞き手はこう思うはずです。

「だから何？　早く始めて」

最初が肝心

ハードルを下げようとする冒頭の言い訳は百害あって一利なし。あなたが言い訳をしたその瞬間、ボスザルの地位から陥落します。「準備不足なら前に立たないで欲しい」と聞き手はあなたのことを見下します。そのあと、どれだけあなたが指示出しをしても、問いかけをしても、ユーモアを披露しても、聞き手からの反応を取ることは困難です。

あなたはもう子ザルの地位ですから。この後はもう、誰も聞かない、何の双方向性もない、つまらない一人旅スピーチをするしかありません。

人前に立ったら覚悟を決める

たとえ準備不足でも、練習不足でも、睡眠不足で体調が悪くても、それを口に出して言う必要はありません。毎回１００％の準備でスピーチやプレゼンに臨めるわけではありませんよね。

先日、常務の定年退職式の司会役を急遽、当日に任されたことがありました。会社関係者１００人位が出席する立食パーティーの司会。大役です。元々の司会役の方のご家族にご不幸があり、急遽、代役を務めることとなりました。

以前の自分なら恐らく「今日、突然、司会を任されてしまいまして・・・」といきなり言い訳から始めていたと思います。でも、その言い訳を聞いて誰が幸せになるでしょうか。約40年、務められてきた常務。何か月も前から準備を進めてきた幹事さん。遠方から足を運んでくれている関係者の皆様。そして何より、折角準備をしていたにもかかわらず、当日参加できなくなってしまった司会役の方。

本番前、皆への感謝の気持ちを込めて心に誓いました。絶対に言い訳はしない。

そして迎えた本番、冒頭、堂々とした態度で、このように始めました。

「それでは皆さん、一旦、前をご覧ください（全員が前を向くまで待つ）。ご多忙の中、お集まりいただきありがとうございます！　今日は約40年当社で務めてこられた常務の定年退職式です。皆様、拍手でお迎えください！」

もちろん当日はカンペを何度も見ながら進めました。もちろん緊張していたので、たどたどしく聞こえる部分も多々あったと思います。それでも堂々と司会を務めあげることができ、常務はじめ幹事さんや参加者の皆様から感謝のお言葉をいただきました。

ハッタリが大事

皆さんは「ハッタリ」と聞いてどんなイメージを思い浮かべますか？「嘘つき」とか「見栄っ張り」というネガティブなイメージがあるかも知れません。でもときにはハッタリも必要です。

私は大学生のときにアマチュアボクシングをやっていました。ボクシングはハッタリの掛け合いです。

あるとき、試合終盤まで自分が攻め込み、余裕で判定勝ちができると思った矢先、相手のパンチを顎に食らって、膝からダウンしたことがありました。気づいたらレフェリーがカウントを取っています。足が痺れて上手く立てません。

ここで慌てて立つと、フラフラした状態を見られて相手に一気に攻め込まれてしまう。そう思い、カウントをゆっくり聞きながら、余裕の表情で立ち上がりました。

ファイティングポーズを取って、相手にもレフェリーにも「効いていないよ」アピール。でも内心は「頼むからもう来ないで。足がフラフラだから」と超弱気でした。それでも何とか残りの時間を戦い、無事判定勝ちを収めることができました。

試合後、相手選手との会話で「あのパンチ、めちゃめちゃ効きました！」と伝えると、相手選手は「え〜。そうだったんですか？　でも実は僕もあのパンチで拳を痛めて、攻め切れませんでした」と。自分もそれに驚き、お互い騙されていたことに気づき笑い合いました。

ビジネスでもハッタリが使える

プレゼンしている最中に資料の間違いに気づいたり、上司やお客様からツッコまれたくない箇所を指摘されたりすると、アタフタすることはありませんか？　頭の中が真っ白になって、話せなくなってしまうこともあると思います。ほんの小さなミスで、上司やお客様の信頼を失ってしまうなんてもったいないですよね。

そんなときこそハッタリです。

些細な資料の間違いは無視して続ける。万が一、重要な数字が間違っていたとしても「後ほど、修正して再提出いたします」とサラリと流せばＯＫです。ツッコまれたくない質問をされても「その点については現在確認中です。わかり次第、ご報告いたします」と落ち着いて返事をすればいいのです。内心ドキドキしていたとしても。その場で思いついた場当たり的な答えをすると、上げ足を取られるのがオチです。

日々忙しいビジネスパーソンが、報告の際、毎回１００％の準備をすることなんてできません。少しくらいの間違いはある、ツッコミ質問は必ずくるという前提で臨めば、いざというときに余裕の表情で「ハッタリ」をかますことができます。

One Point　ハッタリをかます

・どんなに準備不足でも言い訳は格好悪い。
・言い訳をするとボスザルの地位から陥落する。
・嫌な質問でツッコまれてもハッタリの表情で乗り切る。

⑤　聞く力を鍛えよう

話を聞いてもらえる人になろう

あなたの周りには、いつも相手の話を聞かずに自分の話ばかりする人がいませんか。人の話題を全部自分のことに置き換える。嫌な奴です。でもいざ、人前に立ったら自意識過剰で話せない人。これ、何を隠そう過去の私です。

自分では皆を盛り上げているつもりでも、周りは覚めきっていることに気づきませんでした。そんな人が人前でスピーチをすることになっても、誰もその人の話を聞きたいとは思いませんよね。「この人の話を聞きたい」と思うような人はきっと、普段から人の話をよく聞いている人なのです。

自分の話を聞いてもらいたかったら、その分、人の話をよく聞きましょう。

聞く力とは

「傾聴力」という言葉がよく使われます。「傾」という漢字が意味するところは、耳を相手の方に傾けるかのように聞くということです。では「聴」という漢字の意味をご存じでしょうか？

ただ、聞くだけではなく、よく聞いて「判断する」という意味が含まれます。すなわち、傾聴力というのは、単に黙って聞くだけではなく、積極的な姿勢でときには自分の意見も交えながら聞く力と解釈できます。英語ではアクティブリスニングと呼ばれます。

相づち・頷きから始める

女性に比べて男性は聞く力が乏しいと言われています。原始の頃から狩りをしていた男性と、村に残ってコミュニティーを支えていた女性とでは、ＤＮＡレベルでコミュニケーション能力に差があるのも頷けます。

特に「相づち」を打つのが苦手な男性がいます。自分ではそういうつもりはなくても、無表情で腕を組みながら何の反応もしないままでは、相手はとても話しづらいです。

傾聴力を鍛えるはじめの一歩は「相づち・頷き」です。コツはきちんとアイコンタクトをとりながら、深くゆっくり頷きます。

ときには「なるほど～」とか「へぇ～」という言葉をはさみながら、少しオーバーなくらいのリアクションで聞くのがポイントです。

オウム返し

相手の言葉を繰り返すオウム返し。古典的ですがやはり効果は絶大です。何度もやるとわざとらしいですが、話し手の熱が入ってきたときなど、キーワードをオウム返ししてあげてください。「聞いている感」が相手に伝わります。

また会議で急に意見を求められた際、すぐに答えられず2～3秒考える時間が欲しいときがありますよね。そんなときはそのまま質問を繰り返せばよいのです。例えばこんな感じです。

質問者「働き方改革として、テレワークの導入検討を開始しようと思うんだけどどう思う？」

ここで、いきなり答えずに質問をオウム返しします。

あなた「働き方改革として、テレワークの導入検討を開始しようということですね。私の意見としては、積極的に進めるべきだと思います。理由は2つあって・・・」

このようにすぐに答えないで、一呼吸おいて相手の質問をオウム返しすることで、自分の頭の中を整理する時間が稼げます。また相手の質問を繰り返すことで、内容を咀嚼できるので、全く的外れな答えをすることも防げるとてもおススメの手法です。

難しい質問をされたときは、相手の質問をオウム返ししてから、答えてみてください。

質問の言い換え

オウム返しができるようになったら、是非「言い換え」にもチャレンジしてください。

研修講師をしていると、参加者から質問を受けることがあります。ただ、質問者自身の考えがまとまらず質問の意味が曖昧だったりすることがあります。

そんなときは「このような意味ですか？」と別の言葉で言い換えたり、質問の意味を要約してあげたりすることをおススメします。質問した方も「そうです。それが言いたかったんです」と安心してくれるでしょう。他の参加者の理解にも役立ちます。

相手の気持ちを代弁する

人が人に話しかけるときは大抵「自分の気持ちをわかって欲しい」と思っています。嬉しかった話、面白かった話、悲しかった話、ムカついた話、自慢話など。皆、自分の話に共感して欲しいのです。

でも直接的に自分の感情を言うことは稀です。どのような感情に共感して欲しいのか、話し手の気持ちを読み取りながら聞きましょう。

相手「ねぇ。聞いてよ。この前、会議でスライド資料をプロジェクターに映そう思ったらなぜか映らなかったの」

あなた「えっ。資料がプロジェクターに映らなかったんだ（オウム返し）。（そのときの相手の気持ちを考えて気持ちを代弁する）めっちゃ焦ったでしょ？」

相手「そう！　すっごく焦ったの。でも万が一のことを考えて印刷物を用意しておいたから、助かった」

あなた「やっぱり備えあれば患いなしだね。さすが○○さんだね！（自慢したい相手の気持ちを代弁してあげる）」

こうすれば相手に「この人、わかってるな」と思わせることができます。

相手の気持ちを代弁することを意識していれば、聞き流すことはできません。一生懸命相手に心と体を傾けて聞かないと相手の気持ちはわかりませんので。

この訓練を日ごろから心掛けていれば、本当に相手が何を考えているのかが少しずつわかってきます。

相手があなたの口から聞きたいこと、言って欲しいことを言葉にして言ってあげることができるのです。

ただ単に聞くだけではなく、相手の立場になって、気持ちを代弁することができる。これが本当の聞く力なのです。

One Point　聞く力を鍛えよう

・話を聞いてもらえる人は、他人の話をよく聞く人。
・相づち、頷きから始めよう。
・オウム返し、言い換えをしてみよう。
・相手の気持ちを代弁することに挑戦しよう！

⑥ 初めて会う人との接し方

見知らぬ人がいる食事会、ビジネスセミナーでのグループワークなど、初めての人が集まる場所が苦手な人は多いと思います。でもそれを自分は「人見知りだから」という言葉で片づけていませんか？

自分から話しかける

スピーチ力を鍛えたいのなら、初めて会った人には自分から話しかけるよう心掛けましょう。誰でも自分から話しかけるのは勇気のいることです。初めて会う人たちなのでドキドキしているのは当たり前。でも、時間をつくって折角来た食事会など、誰もが楽しい有意義な時間にしたいと思っているはずです。だからこそ、本書を読んでいる皆様には是非、自分から話しかけるようにしてもらいたいんです。

「初めて会う人たちばかりだから緊張しますよね」

と、相手の気持ちを代弁してあげるのもよし。

「だいぶ涼しくなりましたね」などの天気の話や、

「どこから来たんですか？」というような当たり障りのない話題から始めればＯＫです。

きっと相手は自分に話しかけてくれたあなたに感謝し、第一印象はとてもよいものになるでしょう。

メタ認知能力を上げる

とてもじゃないけど、初めて会う人に自分から話しかけることなんて無理という人もいると思います。そんな人は少なくとも、相手が話しかけやすいような振る舞いをしましょう。

メタ認知能力という言葉をご存じでしょうか？　一言で言うと「自分のことを客観視できる能力」のことです。

例えば、ビジネスセミナーで同じグループになった初めて会う人たち。その中であなたが話しかけてもいいなと思う人は次のどの人ですか？

A　目をつむって、始まるまで仮眠を取ろうとしていそうな人
B　腕組みをして、不愛想な顔をしている人
C　ずっとスマホを見ている人
D　目が合ったら軽く会釈してくれる人

もちろんDの人ですよね。話しかけても無視はされないだろうなという安心感があります。Aの人は論外ですが、BやCの人の態度に心当たりはありませんか？　自分としては話しかけてくれればいつでも応答するつもりかも知れません。ただ、それは「メタ認知能力」が低いです。話しかける人の立場になって、自分を客観視すれば簡単ですができていない人がとても多いです。

自分から話しかける勇気がでない人はまず自分から出ている「話しかけないでオーラ」を消し去り、自らアイコンタクトを取り軽く会釈することから始めましょう。

One Point 初めて会う人との接し方
- 初めて会った人には自分から話しかけるのが礼儀。
- 自分のことを客観視できるメタ認知能力を磨こう。
- 話しかける勇気が出ないなら、アイコンタクトを取って、軽く会釈することから始めよう。

⑦ 心理的ホメオスタシス

生物学におけるホメオスタシス

ホメオスタシスという言葉を聞いたことがあるでしょうか？　日本語では恒常性と言います。内部や外部の環境変化にかかわらず、状態を一定に保とうとする生物に元々備わっている調整機能です。例えば、恒温動物は気温が上昇すれば汗をかいて体温の上昇を一定に保とうとします。反対に寒いときは体を震わせて体温の低下を防ごうとします。体に傷を負っても血が止まって、かさぶたができて、傷口が徐々に塞がり直っていくのもホメオスタシスの一種です。

心理学におけるホメオスタシス

厳しい自然界で生物が生き抜いていくために生物が備えた体の機能なのですが、心理的にも働きます。引き戻し現象とも呼ばれます。そしてこれが変わろうとする自分を邪魔するのです。

ダイエットしようとして、食事制限したり、朝の運動をしようとしたりしてもなかなか続かない。資格を取ろうとテレビを見るのをやめて勉強しようとしても「見逃せない番組」という理由でテレビを見てしまって、結局勉強も三日坊主で終わってしまう。これは今まで染みついた自分の生活スタイルがとても快適なもの＝コンフォートゾーンであり、そこから抜け出すのは危険だと察知し、脳と体は一生懸命元の生活に戻ろうとするのです。

変わろうとするときはみんなが邪魔をする

本書でお伝えしてきたスピーチスキルや話し方のテンプレート、話す際の心がけというのは今まで皆さんが実践してこなかったものばかりかも知れません。手の動きを使いながら話し始めたり、喜怒哀楽表現を豊かにして話したり、参加者に質問をして双方向性を取ったりすると、周囲からは

「どうしたの、いきなり？　スピーチっぽいことやって？　変だよ」

と言われることもあるでしょう。周りの人たちは、自分と同質だったあなたが変わろうとするのが嫌なのです。無意識的にあなたが変わろうとするのを邪魔してきます。

更にあなたの中の心理的ホメオスタシスも働いて、結局、元の自分のスピーチスタイルに戻って

しまうのです。一瞬、ダイエットに成功してもすぐにリバウンドしてしまうのと同じです。

ホメオスタシスの存在を理解する

まずはホメオスタシスの存在を知ることが大事です。変わろうとするときは自分の脳と体だけではなく、周りも引き戻そうとします。

ときには自然界も邪魔してきます。気合を入れたときに限って台風が来たり、一念発起して起業したのに、大地震が起こったり、コミュニケーションを学ぼうと思ったらコロナで活動を自粛させられたり。全部ホメオスタシスです。それらを乗り越えられた人だけが自分を変えられるのです。

厳しい環境に身を置くことで自分を成長させる

よく日本で活躍していたサッカー選手が海外のリーグに出ていきますよね。海外ではレギュラー争いも激しく、なかなか試合に出られないこともあります。日本ではチヤホヤされていたのに、海外では2部リーグに格下げ。お給料も下がってしまう。それでもチャレンジする選手がいます。日本にいれば生活も安定するし、テレビに映って活躍することもできるのに、なぜ海外に行ってチャレンジするのでしょうか？

彼らは皆知っているのです。厳しい環境に身を置いたほうが、自分自身が成長できるということを。

逆ホメオスタシス効果を発動させる

不良やヤンキーグループにいるとなかなか学校の成績が上がりません。なぜなら不良の中で勉強をするのは格好悪いと認識され、勉強しようとしても足の引っ張り合いが始まるからです。ここから抜け出す一番簡単な方法。それは付き合う人と環境を変えることです。

勉強して成績を上げたいなら、成績のよい人と友達になればいいのです。

ちょっと無理をしてでも難しい塾に行く。

痩せたければ自分にストイックな人が集まったスポーツジムに行く。

ビジネスで成功したければ、意識の高い人たちが居るビジネスセミナーに通う。

など。付き合う人と環境を変えるのが自分を変えられる一番簡単な方法です。

初めはとてもツライです。でも段々慣れてきていつの間にか、そこがあなたのコンフォートゾーンになります。

こうなればしめたもの。以前居た環境に戻るのがむしろ嫌になるという「逆ホメオスタシス効果」が発動します。

スピーチも同じです。スピーチが上手くなりたければ、スピーチの勉強をする。スピーチやプレゼンの機会に何度もチャレンジする。スピーチの上手い人と一緒にいる時間を増やすなど、積極的にスピーチに触れてください。

自分が成長したなと思ったら、更なる高みを目指すべく自分よりも更にレベルの高い人が集まる集団に身を置いて、スキルを磨いていく。
これを繰り返せる人だけが成長していくのです。

One Point 心理的ホメオスタシス

・自分が変わろうとするときは引き戻し現象が起きる。自分も、周りも、自然界までも自分を引き戻そうとしてくる。
・自分を変える一番簡単な方法は付き合う人と環境を変えること。そこをコンフォートゾーンにしてもう戻りたくないという「逆ホメオスタシス効果」を発動させる。
・厳しい環境に身を置き続けることで、更なる高みを目指す。

⑧ 100点は目指すな！ 40点でいい

自分のハードルを上げ過ぎていないか

本書を手に取って読んでいただいている人はきっと、人前で話すのが苦手だから克服したいとか、もっとスピーチやプレゼンが上手くなりたいと願っている向上心のある人ばかりだと思います。
それでも、ここまで読んでいただいても「やっぱり自分には人を惹きつけられるようなカッコいいスピーチやプレゼンをするなんてとても無理」と思い諦めてしまう人がいるかも知れません。
そんなあなたは自分のハードルを上げ過ぎてしまっていませんか？

100点満点なんて到底無理

完璧主義者である人ほど、スピーチやプレゼンに苦手意識を持っている印象があります。かつての私がそうであったように。人前で話すのだから完璧なものにしなければならない。だから何度も練習して本番に臨む。それでも、自分の思うようにいかなくて、自分にスピーチは向いていないと落ち込みセルフイメージを下げてしまった経験がありました。

そもそも聞き手と双方向性のやりとりをしながら進めるスピーチやプレゼンにおいて、100点満点なんてあり得ません。毎回違うやり取りをして、ときには自分の質問に対して想定した答えが返ってこないこともあります。だからこそスピーチは面白いのです。

40点でいい

無理な100点を目指そうとすると、まず人前に立つことができません。人前で話す機会が少なくなるので、練習する機会も、反省して振り返りをする機会もなくなります。そして気づけば、勝手に自分でハードルを上げてしまったために、人前で話すことに苦手意識を持ってしまっているのです。

40点でいいと言われたらどうでしょうか？　それならできる気がしませんか？

何度も言いますが、毎回100％の準備をして臨むことなんてできないんです。準備をする時間がないからという理由で話す機会を遠ざけてしまっては、いつまでたっても0点です。

40点でいいんです。やらない0点よりはるかに優秀です。

やるかやらないかは自分次第

本書で記載した話し方スキルやテンプレート、フレームワークは実践で使ってなんぼです。自分のことは棚に上げて、他人のスピーチを評論するような人には決してならないでください。

それよりも紹介したスキルを1つでも実践することで、自分の話す力を鍛えていくことのほうがよっぽど重要です。心理的ホメオスタシスの存在を感じながらもそれを振り切り、40点でいいいからチャレンジしてください。

あとは、やるかやらないか。それはあなた次第です！

One Point☝ 100点は目指すな！　40点でいい
・毎回100％の準備なんてできないと割り切る。
・本書で紹介したスキルやテンプレートを実践で使ってみる。
・やらない0点より、まずは40点を目指す。

あとがき

最後までお読みいただき有難うございました。

皆さんのお悩みを解決する答えが1つでも提供できたのならば幸いです。

話し方というのはとても曖昧な技術です。だからこそ、人それぞれ言うことが違うし何が正解なのかははっきりしません。

ただ、そんな捉えどころのない技術であったとしても、上手く話す人の共通点や感動する話には一定の法則があることを解説してきました。

私自身、以前は、大勢の人を惹きつけるスピーチなんて自分にはできるはずがない、オーラがある人にしかスピーチはできないと思っていました。でも今ではそれがハッキリと間違いだったと断言できます。

スピーチは誰でも上手くなります。それは再現可能な技術だからです。本書でお伝えしてきたデリバリースキル、テンプレート、フレームワークを1つでも使ってみてください。初めは上手くいかないかも知れません。周りからいつもと違うと笑われるかも知れません。でもそこを超えないといつまでたっても上達しません。

スピーチはスポーツと似ています。まずは基本的なルールや方法を知る必要があります。でもそのあとは実践あるのみです。

本を読んで満足するノウハウコレクターになってはいけません。

アウトプットが最大のインプットです。1つひとつのスキルを実践して身に付けていきましょう。

人前で話すチャンスは不意に訪れます。そのチャンスを逃してはいけません。準備する時間がないからとか、他に適切な人がいるからと言い訳をして断ってはいけません。

皆さんにはデリバリースキル、テンプレート、フレームワークといった人前で話す際の様々な道具をお渡ししました。それを使うチャンスです。

是非、積極的にスピーチをするチャンスを掴み、人を惹きつけるロジカルスピーチにチャレンジしてください。

きっと見える世界がかわりますよ！

最後になりましたが、本書で紹介してきた数々の話し方の基本を私に叩き込んでいただいた、橋本歌麻呂先生。有難うございました。先生に教えていただいたことが今の自分の糧になっています。

また、本書の企画を通していただいたイー・プランニングの皆様、本当に有難うございました。

神宮　つかさ

２０２０年11月

参考図書

・『最強のエンジニアになるためのプレゼンの教科書』　亀山雅司著　マネジメント社　２０１９年
・『世界最高のリーダー育成機関で幹部候補だけに教えられているプレゼンの基本』　田口力著　ＫＡＤＯＫＡＷＡ　２０１７年
・『人を操る禁断の文章術』　メンタリストＤａｉＧｏ著　かんき出版　２０２０年
・『笑いの凄ワザ』　殿村政明著　大和出版　２０１１年
・『世界で一番やさしい会議の教科書実践編』　榊巻　亮著　日経ＢＰ社　２０１８年

読者特典

本書をご購入いただいた皆様にプレゼントのお知らせです！

下記のＱＲコードからＬＩＮＥ登録をしてください。私が使っている話し方の極意をまとめたＰＤＦファイルをプレゼントします！大事なスピーチやプレゼンの前に是非一度ご確認ください。

更には会議を有効なものにするファシリテーションの技術をまとめたＰＤＦファイルもプレゼント！　会議を上手く進められるポイントをまとめています。

読者特典QRコード

友達検索 LINE ID
@397tvaev

著者略歴
神宮　つかさ（じんぐう　つかさ）
国内大手メーカー所属。中小企業診断士。通訳案内士。東京コミュ塾代表。ストアカプラチナバッジ講師。
7年間の国内勤務を経た後、4年半の英国駐在を経験。個性の強い欧州人に囲まれ、世界に通用するコミュニケーション能力を磨く。国内最大級のスキルシェアサイトのストアカで最高レベルのプラチナバッジを獲得。全国ビジネスコミュニケーション部門において5か月連続1位獲得（2020年1月～6月）。実践ですぐに使える再現性のある技術を学べる講座は同サイトで高く評価されている。

ロジカルスピーチ術
2020年12月9日　初版発行
著　者　神宮　つかさ　
発行人　森　忠順
発行所　株式会社 セルバ出版
〒113-0034
東京都文京区湯島1丁目12番6号 高関ビル5B
☎ 03（5812）1178　FAX 03（5812）1188
https://seluba.co.jp/
発　売　株式会社 三省堂書店／創英社
〒101-0051
東京都千代田区神田神保町1丁目1番地
☎ 03（3291）2295　FAX 03（3292）7687
印刷・製本　モリモト印刷株式会社

Printed in JAPAN
ISBN978-4-86367-625-1